U0097605

山林書院叢書
8

自然哲思

三部曲

陳玉峯

著

前衛出版

謹以本書題獻

李　　喬先生
鄭邦鎮教授
趙天儀教授

感恩他們對筆者一生行徑的寬容、支持與指導！

陳玉峯敬啟
2014.6.18

寫在書前

　　做這冊小書輯錄的散文，是從 2013 年 11 月 12 日至 2014 年 6 月 1 日，半年餘的書寫，因為自認為一生受生、受恩於台灣自然土地生界，且係自己的思想、靈魂所從出，這半年又大致關注三個議題，是以書名訂為「自然哲思三部曲」。

　　2013 年我原本打算全然投入廢核運動，以種種主、客觀因素，選擇在下半年發起「廢四核、清核廢──全國接力行腳」運動，旨在挹注台灣社會歷來反核最欠缺的哲學或倫理背景，強調「世代正（公）義」做為反核的根本依據，並輯為《民國廢核元年──廢四核、清核廢，全國接力行腳（一）》一書，書稿於 11 月 8 日二校後寄給前衛出版社，11 月 16 日出版。而廢核行腳活動於 10 月 10 日，假核四廠前誓師出發，10 日夜晚我在頭城慶元宮（媽祖廟）廣場賣命「演出」，11 日行腳隊伍行抵宜蘭，該日下午拜訪慈林基金會林義雄先生，傍晚時分我即驅車返回台中。

　　不幸的事旋即發生或早已發生，壯年輩與老年輩衝突，因而花東並無如期行腳，只怪我未能全程參與苦行，不敢怪罪任何「熱心」的投入者，而只心懷感恩。更糟糕的事接連發生，不確定是否「抓耙仔」潛伏其中，或是種種羅生門細節，

至 10 月 27 日屏東慈鳳宮晚會活動後，年輕世代在會議上痛批壯年世代（我全程錄音），而壯年代的「不負責任」行徑，也叫我「大開眼界」。會議上我提議，是否由我取回指揮領軍「權」，直接投入？然而，既成「事實」無法挽回，徒呼奈何。

而 10 月 29 日於高雄三餘書店演講反核之後，我「安頓」壯年代，並提出是否暫停、盤點後再出發，卻同樣不了而了、胎死腹中，而「將爛就爛」。此間，負面聲浪已從各地熱心者口中發出。11 月 2～4 日於高雄市、後勁行腳，以及我上電台接受訪問期間，得知行腳內部往外「中傷」的案例，叫我內心底定往後打算。

自然哲思 三部曲

在台華人四百年史有無千秋萬世的傳承？澎湖媽宮四眼井殆為極其少數殘存四百餘年的「古蹟」（2012.10.16）。

11月7日我撰好〈陳玉峯教授聲明〉（即本書第26篇），極其婉轉地說明筆者自始至終並無介入行腳活動，各執事者不能再假借本人名義對外活動。此聲明於11月7、8日分別傳給所謂的決策者，且打算11月12日公佈。11月12日在嘉義城隍廟口反核晚會後，我召集行腳隊伍洽談，之後決定該聲明留中不發。因為廢核行腳的茶壺內風暴委實太細微，只要沒有對社會產生負面作用，而且必須有點兒正面效應，即可再繼續，另一方面，11月4日的後勁行腳，業已觸發我新的工作項目。

之後，我專注於投入隨緣而來的演說，包括嘉義城隍廟口、北港媽祖廟口、麥寮拱範宮前、雲林環科大、雲科大、彰化車站、台中茉莉書店、埔里杷城里活動中心、中正大學法學院、台中逢甲公園（白天及夜晚2場）、頭份建國花市、中正大學外文系、交通大學等等反核宣說，乃以2013年12月31日台北中正廟前自由廣場的短暫演講，做為個人在廢核行腳的階段結束。

也就是說，2013年11月12日至12月底，關於反核的相關文章收錄於本書「輯三」。我不在乎個人一切的投入有何結果，只知道我不做會內疚，這些短文及上述，留予以後回顧的參考。差可安慰者，2014年春夏的社運中，社會已出現「世代正義」的呼聲此起彼落。

而2013年11月27日我正式訪談後勁反五輕運動史，夥同11月13日起的準備工作，我一頭栽進反五輕史的研撰，直到2014年3月6日終止調查工作，且在5月7日將《環保神明大進擊──後勁反五輕世紀終戰前夕（上）》書稿寄予前衛出版

社，是為這半年間的主要工作。

而2014年3月18日學運衝進立法院，我的更年輕世代的學生們陸續傳來的訊息，乃至我前往立院觀察、關切及沉思，3月19日至4月8日期間撰寫〈自己的國家自己救；自己的前途自己定〉、〈國共統治下的中台共和國〉等，合計9篇文章，輯為本書〈輯二：時勢的春天〉。

坦白告白，原本最大寄望於3‧18者，突破30年台灣政局的「藍綠神話」，另組新的青年的政黨，但迄今為止，我已扼腕！只能再度觀望與祈願，並思考再轉進。

再者，3～4月期間，安排、籌備全美台灣同鄉會返台進行生態之旅，繁多籌辦及編撰手冊或行政工作略顯繁重，而4月16～23日旅程的圓滿，我由衷感恩台灣天地賜予的「福報」！

4月中旬乃至5月，意外傳來的訊息，教我準備人生下一階段的契機。

2014年4月30日，摯友蘇振輝董事長前來台中，責成我進行另項「溫暖的負擔」：蘇董大女兒蘇怡儒小姐將於年底結婚，他想邀集他一生有理想性的友人，合寫一冊書，贈予女兒結婚誌慶，他期望該書內容可以提供女兒在人生旅途境遇中，有意義的精神糧食或點心。

於是，4月30日至5月31日期間，我撰寫了16篇文字，加上規劃該《女兒書》的章節等，於6月3日寄予蘇董卓參。

這16篇文章，我是將歷來演講的小故事，以現今為止的生命探索，改寫成或可啟發若干人生境界的小品，行文有淺、有深，但盼「老少咸宜」，輯為本書〈輯一：生命教育〉，也

筆者於 2013 年 2 月 28 日南一段縱走再度登上南台首嶽關山。

就是說，5 月我全然投入這項撰寫。

　　除了上述之外，回顧半年來，零星演講如地球公民基金會、良山電台、交通大學應用藝術系、玉山國家公園解說義工訓練、中興大學植病系畢業講座、成大台文系、大坑新社高中等數場次，另接受電視台一、二次的訪談，其餘只在東海大學通識教育中心開授一門《台灣的自然與宗教》3 學分課，整體來說，我活得不能算是忙碌，只是在台灣情境上，腦海中還是很沉重！

　　大約在 5 月 23 日，嘉義市的熊蟬開始鳴叫，而台中西屯區的夜蟬則於 5 月 28 日初啼，且遲至 6 月 1 日上午，熊蟬始告合

奏，揭開正式進入夏季的序曲。

　　初夏的6月上旬，我輯錄本小冊，聊充一聲蟬鳴，也是蟬殼。蟬殼殆屬草藥的一味，有緣人願意咀嚼，則是我幸！感恩！

　　　　陳玉峯 2014.6; 大肚台地

蟬子走了，蟬殼可否證悟？

自然哲思
三部曲

序文一

登山

導演

王小棣

認識陳玉峯老師的時候我已經快50歲了，因為想寫一齣關於台灣應該保育或開發的連續劇，特別自報名號去向陳老師請教。嚴肅的陳老師幾番調整看我們有點好笑的心情，終於有一天打電話來說要帶我和黃黎明去爬玉山。我們趕緊去買了睡袋、排汗衣、防水褲、登山鞋……買完嚇了一跳，想說爬個山怎麼這麼貴，然後，從沒爬過高山的兩個人，就真的滿好笑的到SOGO百貨公司的樓梯間去爬上爬下(忘記爬了幾層樓)做為行前訓練。

哪裡知道，下著細雨要從台北出門的時候就看到了颱風警報，集合以後陳老師卻完全沒有猶豫，在登山口問過我們裝備之後，他自己撕開一個紅白塑膠袋套在頭上當雨帽然後就領隊出發了，才為身上裝備費用咋舌的我們看了簡直傻眼，紅白塑膠袋呢……

如果說走到排雲山莊花了四個小時的話，我第一個半小時還有40歲的中壯年腳程，之後速度慢慢緩下符合了我的真實年齡，第三個小時開始滿心不服氣的邁出了七老八十偶爾發抖的步伐，第四個小時後半基本上已經是瀕死狀態，走個五

黃黎明(左)、王小棣(中)、鐵蛋(右)參加 2013.10.10 廢核行腳在核四廠前誓師。

步十步就必須坐下來喘氣，這個時候陳老師的家人部眾已經不見蹤影。整個俊秀的山麓只有我和黃黎明渺小的身影，坐下來休息的時間間距越來越短，每次坐下，好像都必須竭盡餘力才能把冷冽的空氣從對面山谷吸一點過來。在某一個石塊上，我轉頭對黃黎明說：「我們將來知道快死了就來爬山吧，爬到這樣眼看著壯闊美景，缺氧昏迷沒有痛苦的死，好像不錯啊！」當時黎明的體能狀態好像比我好一些，她還滿有餘裕的瞇瞇笑著敦促我站起來再往前走⋯⋯

這齣戲，後來寫得還不錯，整個劇組經常扛著裝備上山下谷吃了很多苦頭，得到了那一年的最佳戲劇節目獎。但是這

以後可笑的我啊，居然把山上那一幕幕的畫面給放下了、淡忘了。那種雙腿抽搐睜眼看著前面仍然大幅向上折轉的山路意志力潰散的無助；那種舉步維艱的每一秒裡面幾十年對自己的認知都反覆迅速崩解的苦灼，我都忘了，日進日出又催促著黎明一起做這做那，催促著她往前邁步，直到某一刻某一個細胞被壓垮了，崩潰、無助、崩解、苦灼……一一重現。

陳玉峯老師的熾熱才情，大氣修養，還有身上紮實的學問與高潔的品格，開始在我人生的視野裡轟立如一座峻山。而現在的我每要走近山嶺都容易流淚，抬頭總還是能看見我和黎明向陳老師和生機盎然的高山求教的身影，只是天人永隔的那一步，我最終沒能帶她回到那雲深之處……。

序文二

述而非序

作家

李喬

　　這本書結集的因緣很特別，是為知己女兒結婚當禮物。這是一份意涵繁富又沉重的禮物。依輯次看，是玉峯先生幾段為母土沉思、行動、嘶吼的痕跡；但其一生志業點滴，散散淡淡都在其中。

　　人的一生，十之七八，就隨著歲月的累積，春花秋月，在「自然時間」裡，發芽茁壯，開花結果，樹老凋謝而回到無機的存在，但有些人卻能掙開自然時間的侷限，擴張其個人的「生命時間」、創造出屬於其個人的「綿長時世」。玉峯先生依自然時間算，小區區 19 歲，但彼創造的時世，比區區長得多多，何況往後玉峯先生還有數個 19 年可以「創造時世」！時間、生命，意義的奧秘就在其中。

　　玉峯先生專業呈現之前的青少歲月如何，世人所悉不多，自專攻植物學而生態奮鬥、保護大地再生文化而沉思、行動、啟蒙；期求制式的覺醒接納到獨走天涯；不忍獨享又俯首孺子牛……點點滴滴，世人或許逐漸淡忘。然而其開山著述與被疼惜的台灣大地河川草木……區區奇妙的感應是：它他祂必將予以留傳而遺澤長長久久。

李喬先生(右)與李鴻禧教授(2012.10.18；台北市士林長老教會)。

　　不敢也不想以序心情落筆，祇將面對大作，湧上心田點滴感受筆錄下來。唐突先生敬請苦笑接納。

2014.6.29 於苗栗玉泉居

序文三

舉杯邀明月，對影幾多人？

台南市教育局長
鄭邦鎮

小時候，我從未見過母親在休息。

即使半夜醒來，也總看見母親挨著桌子，在一篝油燈下，繡學號，縫布邊，用手工賺針線活貼補家計。既然讓人不能理解的戰爭與政治毀了一切，於是毫無怨嘆地日夜操勞，以撫養十二個孩子，就成了母親唯一的理解。

長大後，我從未看見台灣在安逸。

即使戰爭結束，也擺脫了228、白色恐怖、戒嚴統治，卻是依舊在中國共產黨的飛彈和中國國民黨的黨產兩方箝制下，過著沒有台灣憲法，卻對內有著蒙藏會、陸委會的怪機關，但對外反而沒有什麼邦交，回不了中國，進不了聯合國，更得不到國際集體安全保障的所謂「政治實體」「中華民國」；即使已號稱民主自由進步，即使已六年、九年、十二年國教，但兩千三百萬人，仍然必須在國會立法怠惰、資本稅賦不均、社會貧富懸殊以及黑心霸凌食安中，過著混沌不安的生活。現實所逼，強者想掠奪，弱者想轉強，幾乎是世俗社會唯一的生存哲學。

最近25年，從認識陳玉峯以來，我從未感覺到他的腳步曾經稍歇。

自然哲思
三部曲

台南市教育局長鄭邦鎮教授 (2013.5.22；台南市)。

　　若要我舉一個真正的台灣之子，陳玉峯就是，因為他不輕易屈從上述的一切。

　　1987年，由於參與推動教師人權，我認識了「台灣環保之父」東海大學教授林俊義。1989年，我來到沙鹿靜宜大學中文系任教，因響應林俊義等推動的主婦聯盟環境保護基金會台中工作室，因而認識了林俊義指導的博士生陳玉峯。他們一起熱力揭櫫的生態環保意識，以及「大地反撲」的警告，至今歷歷可證！

　　從讀文學到教文學，我對台灣的所謂「中國文學系」，那種完全在蔣介石帶來台灣的、局部的、殘餘的中國國民黨人所限制的框架內，卻孤高自詡為泱泱大國的文學系，漸漸產生

懷疑，也漸漸有了覺悟。台灣的中國文學系（國文系，中文系，中國語文系，語文教育系），設計上先受到立場和範圍的拘限，因而讀了會完全不認識台灣；又在現實上不准進入中國，去認識「被萬惡的共匪竊據」的中國，於是其實成了既不中國也不台灣的「罐裝中國文學系」，是訓練你永遠向後看一千年三千年五千年的「古代中國文化專門研究」的課程。文學院在各大學都算第一院，中文系在各大學都占第一系，所以學號都是11–開頭的天下第一系。這樣孤傲自閉的中文系，再經代代相傳、近親交配，然後又占據全台灣最大量教師職缺，這會給台灣的學術教育帶來什麼樣的未來呢？

葉石濤在1985年出版了一本《沒有土地，哪有文學》，1987年出版了一本《台灣文學史綱》，不但為真正有在呼吸的文學發聲，理論上也應驚醒「罐裝的中國文學系」。然而不然，久為一黨箝制下的學術界、教育界，並無起色，也絕少改變。這倒給了我一個機會，自問：「在靜宜中文系主持系務，我可以做些什麼？」

很快的，我有了一念之轉：既然「文學」，那就從「土地」開始吧！詩經離不開黃河，楚辭少不了長江，台灣的語言文學既生發自台灣，又從未離開過台灣，靜宜中文系更是初來乍到的大肚台地沙鹿客，就從陌生新奇的大肚台地入手吧！

另外，我已決心專聘比我高明的人。我幸而先能聘到專任的文學哲學教授趙天儀，也聘到兼任的生態環境講師陳玉峯。

不是趙天儀，我不會有系統地進入台灣文學和兒童文學的天地，也不會認識巫永福、鍾肇政、陳千武、杜潘芳格、錦

自然哲思
三部曲

連、鄭清文、李魁賢、李喬等等文學作家（其中，李喬又「害」我從他手中接辦了三年的《台灣文藝》，不過最後也是由他接回）。

不是陳玉峯，我不但無緣進入他的《台灣生界的舞台》、《土地的苦戀》到《中華民國廢核元年》，更不會起始就覺悟到直接委託他調查靜宜所在地「大肚台地」的前世今生；甚至快速拓展出「台灣自然史」、「台灣族群開拓史」、「台灣文化概論」、「台灣通史」、「台灣文學藝術史」等「台灣本土五科」，並且堆疊而成「台灣學」的架構。稍後，陳玉峯引薦的人中，文化批判最深刻的知識份子就是吳錦發等人了。

陳玉峯完成博士學位，進而專任於靜宜大學通識教育中心，與鄭榮洲、鐘丁茂、簡炯仁等共事。榮洲、丁茂已先與我更早在靜宜結緣而深相契合。1997年，228五十週年紀念日，我們在校門內空地闢植了228楓香廣場，四方形，每邊2排，每排28棵，不必命名，就自然成為全國唯一大學校園內生生不息的228紀念生態景觀。當初樹種的選定，所以能夠緊扣大肚台地和蓋夏精神的土地倫理，就是出於玉峯的專業觀點。總體言之，可說是「不著一字，盡得風流」。後來我們不但推動人文社會學院的建構，甚至推動設立全國第一個生態學系及研究所、台灣生態研究中心。最後，陳玉峯甚至變賣家產而捐獻出八百萬，更且巡迴全國演講，而捐出全部演講費收入，又再發起募款，共集資數千萬元，促成靜宜大學建造了生態大樓「方濟樓」。於是生態研究中心、台灣研究中心、原住民研究中心、平埔族研究中心等等，都一起「入厝」，其中「台灣研究中心」還由呂秀蓮副總統親臨剪綵。接著加上台

灣生態佈道師環島苦行，由研究生態倫理的鐘丁茂教授、楊國禎教授等策劃執行，一趟環島苦行43天，連年推動。於是互相集結成為中台灣朝氣蓬勃的人文研究重鎮，而趙天儀也由中文系、台文系而改聘到生態所，開授生態哲學與美學。這期間，陳玉峯又安排了東海大學古典文學逸客薛順雄教授和我，到台南妙心寺演講，而結了方外奇緣，並蒙佛門台灣志士傳道法師開示而更 福慧，那當然是另外一串故事了。

記憶中，2003年，我在繼李鎮源、許世楷而出任建國黨主席任滿後，再次回任中文系主任期間，奉陳振貴校長指派負責籌備台灣文學系，由前後任文學院長趙天儀、譚小媛指導。當接近完成之際，生態系所也已更形完備。其後陳玉峯出任靜宜大學副校長，八月，在為台文系開系儀式致詞時，他語調鏗鏘地說：「今天台文系的成立，等於是為大肚台地『開光點眼』！」醍醐灌頂，一座皆振！兩個月後，阿扁總統蒞校主持台文系的揭幕及開學典禮，講詞中更進一步點出趙天儀在深耕台灣文學方面的重大貢獻。再兩年，他覺得行政業務真沒意思，就毅然辭卸，因為這時他的研究興趣又轉入哲學與宗教，而寄懷更加深遠了。2007年夏，我從靜宜大學接受文建會借調出任國立台灣文學館館長，陳玉峯也辭職離開靜宜。一日，他的牽手生態攝影家陳月霞女史途經來訪，我問候起居。月霞說她常出門演講，玉峯則常「當家做煮」。並說，玉峯煮出心得來，甚至很在意她所給的評鑑分數。我第一次接收到玉峯兄已然領悟人間煙火真諦的喜訊，就手抄古人打油詩七絕一首：

琴棋書畫詩酒花，

當年件件不離它。

而今七事都更變，

柴米油鹽醬醋茶。

請月霞捎回去給他，獎勵他的「多能鄙事」。月霞讀了我親
筆的抄寫，開心地大笑，說玉峯獲此必然更有成就感了。

在這前後，鄭榮洲於2001年以來久罹漸凍人症；鐘丁茂於
2009年更以肺腺癌末而英年早逝於2011年夏。玉峯長年對兩
人關注最多而感傷最深。

初，榮洲久經不明原因的跌交所苦，遍尋治療，後經診斷
為漸凍症，陳振貴校長很關心。玉峯私告我說：「這病情很難
回頭，也許快速惡化。榮洲一旦行不得也，此生將無緣一睹
寶島風貌和玉山氣象。」遂與丁茂等擘劃行程，陪著，扶著，
背著，抬著榮洲，浩浩蕩蕩，登上玉山！我雖不及參加，但
單是這種「兄弟登山，同心扶持」的想像畫面，就已教人無
法不感到體溫共存，相濡以沫的神聖生命境界。榮洲至今臥
病不起，四肢失能，失語，氣切，過著「氣如游絲苟殘喘，
度日如年釘病床。兩眼直瞪天花板，咬緊牙關不投降」（榮洲
語）的煎熬歲月。不過他仍以僅存的揚眉眨眼，視覺聽覺，透
過字母拼音與科技支援，完成生命教育的《無情漸凍有情天》
及《人間有愛》二書。

至於丁茂，為台灣的生態倫理奮戰不休，在為將台灣本土
音樂家郭芝苑重新出土推上樂壇，兼為榮洲病情多年奔馳之
際，竟被突如其來的末期肺腺癌擊倒。丁茂性好音樂，尤其

聖歌聖樂，他本身就是個出色的男低音。他在養病期間還沉痛地說：「台灣國土變成這樣時，我卻被困在這裏。」他很快地決心把生死交給天主，個人心力，完全投入天主教聖樂《彌撒曲》的台譯工作。他說：「我們都不應該哀傷生命的短暫。」他完成的最後一曲是〈求主賜我善渡一生〉。

榮洲、丁茂的凋枯，必然是玉峯心中的大痛。兩年前，玉峯兄浪跡南亞印度及熱帶雨林，深入宗教及生態哲學的體驗和思維。他遊罷歸來，已又良多著述了。前年我們曾在台南聖功女中及高雄玫瑰堂舉辦鐘丁茂台語彌撒曲音樂追思會，意味深長，但無緣聚首。今年八月，國際間流行一波為關心漸凍人而發起廣邀名人在自身澆冰水的「冰桶傳愛」活動，我一概冷靜地婉謝了。曾經滄海難為水，我未能忘懷為榮洲二書所作的深情序文，因此我覺得以這樣簡單的動作來闡釋對漸凍人的了解與支持，實在過於膚淺，相信只有玉峯能夠體會我的心情。

嚴格說來，陳玉峯，不是一個人，而是一群人。因為提到他，就不免要提到鄭榮洲、鐘丁茂以及很多人。我和李喬、趙天儀，與陳玉峯多年暌違，今年三月，聽聞台南成大台文系，這全世界最完備的台灣文學系，有意敦聘陳玉峯教授加入陣容，我們三人各備推薦書，極力推薦。今年八月，高雄發生氣爆事件，各方議論一時沸騰。直至陳玉峯評述文字刊出，對此意外事件，我才回到二十五年來始終由他提出的深度理解；就像談到核四、反核四；核電、反核電；反核、廢核等議題時，我總是要回到科幻小說《地下第七層》的根本層次

去加以理解一樣。

　　陳玉峯一到成大台文系，立刻促成台文系、土地、教育的聯結，就是由台文系跟台南市教育局簽訂合作計畫，利用水雲分校閒置校園，推動「台灣生態環境解說教育基地」的建構，以及催生「中學生台灣文學營」的系列。陳玉峯甚至慨允授權台南市教育局資訊中心，透過雲端，由他提供台灣生態主題教材，充實「飛番雲端」的生態教育能量。這種氣氛，完全就像當初在靜宜結緣時一樣，只是格局更大，並且還要特別感謝台文系鍾秀梅主任、簡義明教授，以及東山吉貝耍國小鄭富仁校長的熱誠鼎助了。007電影《明日帝國》的結尾裡說：「新的武器是文字，新的炸藥是衛星。」是的，古人說：「倉頡造字，天雨粟，鬼夜哭。」未來，一直一直來，我們必須永遠有迎向更新未來的準備，而這就需要借重陳玉峯的超高洞識了。

　　「秀才人情紙一張」，是古人形容珍貴的友情。這次陳玉峯出書，竟是為了友人嫁女而寫一本書，這更是破天荒的新鮮事了。什麼樣的人，為什麼樣的朋友，寫一本什麼樣的書，這當然是值得有緣讀者的刮目相看了。

　　然而，母親，土地，台灣，誰能忘情，誰能撒手？何況玉峯！上次我為他作序，是1996年的《認識台灣》，十八年前的事了。二十五年來，我們身邊心上互相砥礪的人，越來越多，當然不止李喬和趙天儀了。不論幾多人，清楚的是，全部都是腳步不停的人！

2014.11.24

序文四

台灣研究的學習者

靜宜大學榮譽退休教授
趙天儀

　　有一位日本女作家，把從出生到成年，人生第一階段，稱為預備軍人的階段。成年到退休以前的階段，稱為職業軍人的階段。退休以後的老人歲月，稱為退伍軍人的階段。

　　我在臺灣大學哲學系所，有十二年在職的日子，從助教四年、講師四年、副教授三年，十一年升到正教授。只當了一年教授，就遇到臺大哲學系事件，因而離開。

　　二〇一三年臺大哲學系事件四十週年，臺大哲學系事件調查小組楊維哲等六位教授的《臺大哲學系事件調查報告》，由臺灣大學圖書館出版。

　　我到國立編譯館服務，前後有十七年。臺大十二年、國立編譯館十五年，我以服務二十七年申請退休。

　　退休以後，約一年，私立靜宜大學中文系鄭邦鎮主任打電話給我，問我要不要到大學教書？我問他要教什麼？他說要教「中國思想史」與「兒童文學」，我說我可以試試看。並問我有沒有「教授證」？我說早就有了，因為沒有機會開車上高速公路。不過，兩個星期以後，聘書及宿舍，鄭邦鎮教授都替我準備好了，我就正式上課去了。

自然哲思 三部曲

趙天儀教授(2012.10.18；台北市士林長老教會)。

　　我在靜宜大學中文系約十年，滿六十五歲時，我第二次退休。鄭邦鎮主任給我延了一年，第二年要延的時候，投票沒過。帶頭反對的教授，是一位教學優良的教授，他的資料公佈時，在優良教師旁邊，有學生寫了「外遇專家」的字樣。

　　當時靜宜大學已招男生，陳玉峯教授正在創設「生態學研究所」，他向中文系說：「你們不要，我要！」因此，我順利地進入生態學研究所專任，開了「東方哲學」及「環境美學」的課程。我在生態學系所約四年，並參加臺灣文學系所的創立，到七十二歲時，以臺灣文學系所講座教授兩年後榮退。

　　所以，我說，我在靜宜大學遇到兩位貴人使我在大學教學上復活。一位是中文系主任鄭邦鎮教授，另一位便是陳玉峯

教授。

　　陳玉峯教授成立生態學研究所，第一年招生十位研究生，他捐了一百萬新台幣，給每一位研究生各補助十萬元，要讓他們去美國蒙大拿大學米蘇拉參加生命科學研究所的生態課程。並且到美國阿里蘇拿州的杜桑參加美國生態學年會，聽專題演講，討論會以及參觀生態圖示展覽，參觀沙漠博物館。

　　我獲得內人的同意，以自費參加了生態學習之旅，兩星期，寫了五首生態詩，圓滿成功。

　　陳玉峯教授著作豐富，近著《自然哲思三部曲》，圖文並茂。希望我能寫一篇〈序〉。這一部大著，約有三大要點：

　　一、生態知識的追求與傳播

　　二、廢核家園的省思與行軍

　　三、太陽花學運的展開與參與

　　簡單說，陳玉峯教授對臺灣前途的關懷躍然紙上，深得我心。其實我也是一位臺灣研究的學習者，包括臺灣文化、歷史、文學、學術及語言的研究，實值得吾人深思、反省與探討。

　　願天佑臺灣！

二〇一四年七月十日於臺北

目次

輯一

生命教育

❶ 成長曲線

生命或現象界的生（成）長或衰退，或可化約為 Sigma
曲線：

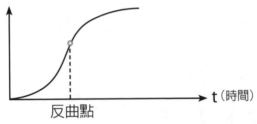

反曲點
t（時間）

自然哲思
三部曲

　一開始的增長緩慢，然後漸次加速，直到最快速率處叫
做反曲點，也就是這條曲線上，最高斜率的一點。反曲點
之後，斜率或增長速率趨緩，直至斜率等於0的水平。

　反之，衰退（老）則循反方向，一開始緩慢，然後加速，
越過衰老最快速點之後，再逐次減緩，但在衰老過程中，
死亡的機率則漸增。

　春天，是許多物種求偶、交配、生殖的季節。台灣平地
最常見的鳥種綠繡眼、白頭翁，就是在3-5月間產卵、孵
化、哺育、離巢、高飛。

曾經我觀測、紀錄綠繡眼（2年）及白頭翁（1年）的雛鳥生長，從孵化後到離巢、成鳥，歸納出離巢高飛日約是鳥隻生長的反曲點。

　　雛鳥的生長，例如重量的增加、羽毛的茁壯，大致符合生長曲線。而離巢日的觀察最讓我感受震撼。

　　一窩綠繡眼3隻小鳥展翅離巢日，鳥爸、鳥媽忙翻天，牠們從旁鼓舞、教導兒女跨出成年大禮（雖然我不懂鳥語，但從其頻繁的叫聲，配合跳上、跳下、斷續展翅、環繞飛翔的行為，似乎具有示範、砥礪、催促等等用意）。2隻小鳥一鼓作氣，一下子飛向枝椏停棲，另隻好不容易振翅上衝，卻力竭而掉落地面。

　　接下來，急氣敗壞的鳥父母，加速來回啄食昆蟲等高蛋白食物，落地餵食地面的小鳥，較少次數餵食枝上那2隻，而兩代的叫聲吵雜、急切。反覆餵食與鼓舞之下，地面小鳥終於在多次嘗試後，飛躍上枝頭，前後歷時約1個小時。

　　我也曾目睹白頭翁離巢日，同款模式發生，從而讓我下

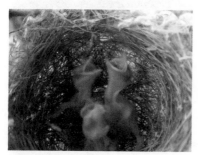

綠繡眼未開目的雛鳥（2010.5.16；台中市）。

綠繡眼離巢日（2010.5.22；台中市）。

2 隻綠繡眼小鳥離巢後飛上枝頭 (2009.7.27；台中)，但另一隻則落地。

等待餵食的離巢卻落地的白頭翁幼鳥。

白頭翁父母不斷餵食、鼓舞落地的小白頭翁起飛。

達：小鳥離巢日正是個體生長的反曲點，牠必須在短暫時程內，將父母賦予的資源，自行消化、吸收，並轉換為自身的能源與毅力，牠在那關鍵的時段成長最為迅速，且能否獨立或夭折，也在該時段決定。

鳥父母不可能攙扶牠起飛，只能傾全力餵食與傳授技巧及經驗，而小鳥在父母精神及物資的呵護下，必須逕自轉化、生長與創造；牠能否成活，端視牠自己的本質、努力，以及外在環境因素的總和，包括機緣或意外。

　　人類的許多現象，從個人到群體，也可化約為生長曲線，當然，複雜得多。

　　當蘇董靦腆地表達，他想要在女兒蘇怡儒的結婚日，贈予她《女兒書》之際，我不確定是否像是小鳥離巢日，鳥父母急切、殷殷的祝福？只是，如同拙於表達情感的台灣人，蘇董溢於訥訥言表的神情，不由得教我腦海中浮現綠繡眼、白頭翁父母，焦急、慈愛的那一幕幕場景。

蘇振輝董事長於 2014 年 4 月 30 日前來台中，託付筆者構思《女兒書》（高鐵站買便當）。

蘇怡儒小姐 (左) 與父親蘇振輝先生 (2013.2.22；礁溪老爺飯店)。

自然哲思三部曲

　　天下父母心纖細得無以復加，實在是人性的晶鑽，能夠表達的，不及於萬一。當蘇董要我以對待自己女兒的心情，著手編輯難以言傳的這份情愫，我心更加惶恐。某些層面，我遠比大多數人，更不懂得如何同女兒暢談關心的話啊！

　　秉持著一絲絲同理心，乘著蘇董數位摯友的智慧、慈悲與大愛的翅膀，就讓我替蘇董笨拙地表達對怡儒深深地祝福！

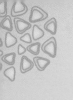

② 國家目標與政策

別被標題的鉅大、枯燥妨礙閱讀，往下只是「生長曲線」的延伸。

曾經有位部長下台後與我聊天。我說：

「任何國家元首、院長、部會首長就任前，總需要具備國家目標、願景及政策的基本主張。何謂國家目標及政策主張？或可以下列曲線代表之。

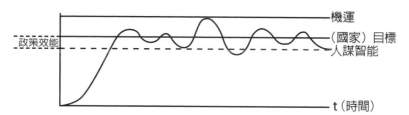

「在主、客觀的條件之下，執事者對國家或社會的各類項目，在特定時段內，應列出其目標，例如教育、交通、經建、人口、國防……(各項目再細分或往上統籌成為國家總目標或理想)而所謂政策，殆即達成各項目標，以及在主、客觀複雜變動的條件下，隨著時間進展，維持可以接納的上下

震盪，或可許可落差的策略之謂。

「一項政策的效能或其成功與否，端視有無達成目標，以及能否控制在可以接受的上下震盪範圍之內。至於超出目標的，叫做機運；低於目標，但仍在可接受範圍者，正是人謀智能的展現。相對的，不能達成目標、低於政策效能者，謂之失敗。」

「當今最欠缺的是，掌權者根本不知何謂國家或社會的目標，更不用說什麼政策。」

前部長頻頻點頭說：「你應該早點告訴我！」

真可笑，之前我不認識該前部長。

個人、特定產經企業亦然。

上述，只是極為簡化的說法，而且，小至個人，大至國家、世代，與時俱變的因素龐雜，全世界最大容量、最高運算能力的電腦也算不出「絕對與必然」，但基本涵養或思維總是必須。

朋友擔憂子女的「貿然投資、風險太大」，我將該狀況簡約描述，請教在紐約相關工作的年輕人。

正在吃早餐的年輕人劈頭一句：「人當然要在年輕時投資高風險，因為年紀大了風險承受力就下降！」然後劈里啪啦不喘半口氣地說：

「投資第一守則：瞭解自己的風險承受力、規劃退休金，以及目前的經濟力。失敗沒關係，重點是有規劃、瞭解如何規劃。一定要先瞭解自己的經濟能力、投資目標或目的，投資並非只求回收利潤。投資者先得具備退休基

金的規劃，接著設有 dry powder，也就是緊急備用現金，以防萬一，然後將每月收支扣除掉退休金及基本消費，剩下的才可以投資。

「投資有太多種類型，基本的觀念是 diversification，也就是雞蛋要分開放。回收大的，通常風險高。投資者得依據自己的風險承受力，決定多少百分比的風險。如果是父母的資

這幅掛在國家殿堂、公眾場所，垂掛數十年的政治圖騰，不知是否算是國家的目標之一（2013.10.5；鹿港鹿耕講堂）？而台灣國家的終極目標為何？

產，則父母有權力拒絕子女的風險，子女該與父母訂立具有法律效應的合約……」

個人投資如此，試問國家呢？歷來經建投資如何規劃，所有的投資，何者、何人做過成效評估？如何評估？從來耗費無底洞的民脂民膏的「國營企業」如台電的核電計畫，如何？數十年來所謂的公共建設，特別是胡扯的水土保持、國土保安、災損復建等等，徹底是政治分贓、上下其手？而責任政治遙遙無期？

人生呢？人生算不算是一種投資？人生投資跟上帝、魔鬼或人性、良知簽約？當我們起心動念乃至付出資源、投入行動，朝向期待值邁進，容或某種程度已臻目標，且盡力維持在可容許的變動範圍之內，我們仍然必須抵擋無窮的風險，其中，最最本質性的風險，就是自己對待生命的見解，以及延展出來的價值觀，或內溯的生命哲學。至於國家，殆即國家的終極理想或基本國策。

這種「投資」如何？2013年6月27日「服貿」送進立院的這天，我在中央研究院的餐廳櫃檯看到「假到底的鳥」，很有意思、值得反思！

③
婚禮致辭

　　我有位 KMT 基層「柱仔腳」的親戚很愛「名流社交」。數年前台大醫科高材畢業生的兒子要結婚，對象也是人中龍鳳，因而親戚來電，說是找了一批政商名流要證婚證辭，「整個家族就你最有『名』，因此請你務必來證婚。」

　　過往台灣結婚儀式上的「致辭」，通常窮極無聊、千篇一律，而且十之八九，都要新人「早生貴子」，好像結婚只為了「幹那檔子事」。為何如此？最主要的原因是：婚禮通常都由新郎、新娘的父執輩主持，他們不認識新人，又總是隔著代溝，彷彿平行宇宙硬要連結之所致。

　　「名人」一一致辭了，果不其然，輪到我了。面對陌生的新人，我實在想不出「該」講什麼？僵在台上也不是，所以我說：

　　「我實在不知道結婚有什麼意義、人生有何意義……」滿場喧鬧的賓客突然靜寂下來；一位濃妝豔抹的貴婦扇子舉得高高地，一塊正要送入血盆大口的三頭鮑停格在半空中。

婚禮是當事者人生的神聖時空，婚禮致辭卻往往只淪為空洞的形式，而台灣的婚禮也刻正變遷中。

「因為一個杯子之所以叫做茶杯或尿杯，是在使用過後才知道……」那塊鮑魚掉落餐桌上；那張嘴巴活似乾裂的蘋果，合不起來。

「任何歷程，覺悟總在滄桑後；真相總在意料外，台語講：『要知，要知就好額了！』人啊，從來不是他的經驗之所生，上帝也沒創造有經驗的人；可以重複演出的叫戲劇，永不回頭的叫人生。

「摸索人生、婚姻的意義或有兩種態度：

「Finds means in life (in marriage)，通常只會找到霧中花、水中月、顛倒夢想。

「Finds means to life (to marriage)，就去過活它，分分秒秒自行決定何等意義或內涵。

「雖然幸福不是由祝福而來，我還是由衷地祝福你們，活出有意思的婚姻生涯！」

我下台時，烏鴉跟麻雀還是沒有聲音。

現世台灣到處是專家，婚姻、人際專家更是賽勝牛毛，容不得我置喙。我談旁側思考 (lateral thinking)。

曾經我在東大附小的操場跑步，當跑過一株大樹旁時，感覺背後有什麼東西逼近，一回頭，一隻撲過來的烏鶖猛然調頭。跑第二圈時，同樣情形發生。跑第三圈時我確定，烏鶖是從人背後攻擊人的，面對牠，牠就不敢造次。

烏鶖具有領域性，特別在築巢哺育時，常奮不顧身地攻擊「入侵」其領域的其他動物。但對人，至少試圖攻擊我的這隻如此，牠從背後偷襲，或者也有可能，牠發現我乃至發動攻擊時有段時差，這段時差之後，攻擊行動的牠已經變成在我後面，但我毋寧認為牠採取「背後偷襲」策略，雖然如此認定，恰與前述「捍衛其領域」存有矛盾。

東南亞如印度、印尼的老虎由人背後攻擊人。在地人由經驗，製作了假面具掛在後腦勺，據說被老虎攻擊的比例，降低了一半以上。呀！沒錯，你得「面」對牠！

人類眼球的結構很有趣，在陰暗處並非正前方可以看得最清楚，而是左右兩旁近180度的橫向處，因為眼球兩側可以攝進全反射的光，反而更能看見東西。由於人們老是左右眼交叉成像，不習慣左右兩側的視野，因而走夜路

時，頻常覺得兩旁不時出現「怪東西」，加上如果平常做了「虧心事」，則心裡更加毛毛地，而恐懼油然滋生。此時，最佳的克服辦法：哪裡毛毛的，就轉向哪裡，恐懼立消。

凡此，只一原則：面對它，解決它。

婚姻乃至人生百態，絕大部分的人、絕大多數場合，當問題發生時都採取逃避，因為逃避是老祖宗面對兇猛野獸的最佳策略，深深地遺傳或烙印在人心。

另一方面，人的煩惱百分之99大概是自找的，剩下的百分之1通常也不例外。自尋煩惱加上不願意面對，活得很不輕鬆，從而身心毛病叢生。現今台灣人罹患「慢性失眠症（從未真正睡著，也未完全清醒）」2、3成；15% 青少年有自殘的想法，付諸行動者約有1成；焦慮症、躁鬱症比例不斷翻升；怪、力、亂、神的花費額也隨之提高。

然而，所謂「面對」的界定或內容，可就五花八門、不一而足。

老輩台灣人奉行明朝江南吳江人袁黃的《了凡四訓》，例如，該書強調改過的方法，先決條件要發三心：恥心、畏心及勇心，也就是要效法好人，懂得羞恥；要向良知、良心、鬼神交代，能夠戒慎恐懼；更要具備勇猛的毅力，殺掉因循苟且的惰性。然後，在三個層次改過：「有從事上改者，有從理上改者，有從心上改者。」

現代人也許覺得上半段迂腐，但下半段是智慧。

路上有個洞你掉下去摔傷了，一般人大概很難第二次再

掉下去同一個洞；從邏輯、思考方式的變更，算是較高層級的「改過」；能夠從心性、智慧層次去改變，絕頂困難，但差不多就是上述所謂「面對」的精義！

　　有能力決定自己生命、生活的內涵，又能夠坦然誠實面對問題，從心性上改弦易轍，這樣的人活一輩子或許相當於好幾個世代的修行吧！

親而不暱、疏而不離

植物生態研究顯示，通常果實掉落在地面上的模式，大致是離開母樹愈遠處，果實（或種子）的數量愈少，畫成圖示，約呈反 J 形；反之，果實或種子的萌發，以及長成苗木乃至新樹的成功率，卻出現相反的趨勢，離開母樹愈遠處，成功的比例愈高，而呈現 J 字形。圖示如下：

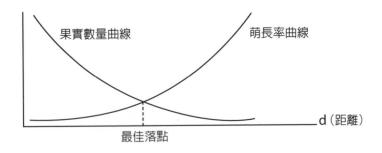

以兩條曲線相交點離母樹的距離，畫出的一圓圈，大抵正是種苗萌長、發展新世代的最佳地點。或說該圓圈附近的區域，就是更新的最佳範圍。

這當然是理想化、簡約化的現象說明，但拿來做為人際

距離母樹幹愈近處，通常沒有子代可存活 (2012.10.13；二高東山休息站的大榕樹)。

關係的譬喻，不失有趣或饒富反思的意境，特別是在世代之間。

　　絕大多數的子女得到父母的溺愛、疼愛或喜愛，若即若離者不多，放牛吃草、不顧子女死活的極稀，約略相擬於果實數量曲線。

　　而子女得以健康成長、爭氣成功或出人頭天者，不見得類似果實的萌長率曲線，但過分被溺愛的子女，不成材的比率的確偏高，適度照料、關懷、砥礪者，往往較有成就，因而勉強也可以 J 字圖形代表之。

　　兩線相交處或許足以代表父母對待子女的最佳方式，或

說：親而不暱、疏而不離，恰到好處，是為好教育。父母宜讓子女獨立運作，只適度支援、照料，不礙著子女開創的自由度。

這只是比喻或比擬。莎士比亞說，比擬是易滑的。

其實，形形色色的人際關係亦然。遠觀、褻玩、狎近都不是好辦法。

台諺「近廟欺神」。愛因斯坦居家附近的小孩，殆只知道有個毛髮猖狂的糟老頭，故而古人只能易子而教；人世間最難聽的話語之一，大概是反目成仇的(曾經的)夫妻互揭瘡疤?! 誰教他們曾經何其親暱。

全世界沒有完完全全一樣的兩片樹葉；人間即令同卵雙生兒，發育的結果也不會有全然相同的兩個人；每個人永遠是宇宙的唯一，有了絕對的主體性，必然也是注定的某種孤獨，70億人口就有70億個本命星。奇妙的是，人與黑猩猩的染色體相同程度高達98%，遑論人種個人之間的相似度。

距離有美感，太遠叫做不相干；多近叫貼切，與時俱進，社會上係以基本人權為底線。夫妻可以逾越，但只因「我願意、我喜歡」而絕非「我應該」！

放棄主體、自主權的人絕非美德，無窮細節在此不列。阿拉伯諺語：「被石頭絆倒的人如果一再被絆倒，則他是活該！」

如何拿捏，你家的事。

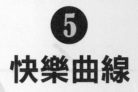

5
快樂曲線

　　1960 年代唸小學的我們每學期有次「遠足」。當時，鄉鎮學校的遠足不過是找個半天，幾個班帶去北港溪畔的沙丘做做遊戲了事，樸素、陽春、在地化，沒有如今的人工遊憩、「三六九」老梗區、遊覽車、企業化導向。但童騃的我們總是為之雀躍、企盼。

　　某個星期二，四年丙班的老師走進教室，向大家宣佈星期五「遠足」時，全班歡呼，阿呆也喜上眉梢。假設人的快樂程度，可用相對數量化表示，則阿呆從聽見訊息以降，歷經準備過程、遠足當天，乃至回家之後，他的快樂程度，或可以下列簡化的曲線作代表，美其名「快樂曲線」：

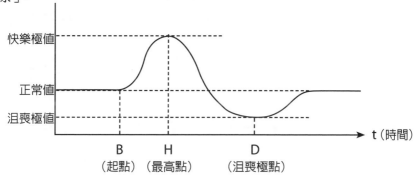

聞訊瞬間，阿呆就興奮，快樂值攀升，他開始想像：遠足日媽媽將會多給零用錢，說不定還會有意外的好餐點，而且，如果此間可以牽上阿蘭的小手，將會是何等的悸動？如果最後抽獎，可以抱回大獎的球鞋，免除冬天赤腳冰寒的刺痛……

　　遠足前天晚上，媽媽果然給他驚喜。當夜，他興奮得睡不著；隔天賴床，跳起來衝到學校的途中才發現「乖乖桶」（我們那時代尚未有"乖乖"）忘記帶。郊遊途中，最大的打擊發生，阿蘭的小手被大頭牽走；心情恍惚下，做遊戲又跟同學吵架；最後，獎品也落空。於是，拖著又累又苦的身心，孤零零地走回家，然後，沮喪隨著回想過程而相乘加劇，情緒盪到谷底，還得經過幾天，心情才回復正常值。

　　這種過程大致就是常人或尋常性「浮（淺）層快樂」的變化。他之所以快樂的要素包括：驚喜、訝異（正面的）、希望、期待、獲得某些東西、想像或幻想等等，不管多少物質或具體所得，心象的波動總是占盡最大部分。

　　然後，希望、期待一件件落空或支離破碎，美夢幻滅，接著，怨天尤人，顧影自憐，綜合「求不得、憤怒、貪婪、渴望、忌妒、羞恥、憎恨、階級、歧視、虛榮……」在內心。

　　即令他獲致很大比例的「獲得」、「期望值」、「附加價值」等，必將創造新的失落值、新衝突、新困擾、新矛盾，而且，升起後續無窮的「想要」，一條條快樂或沮喪

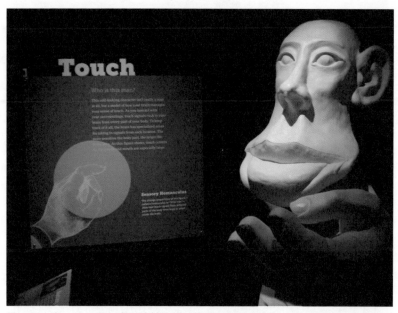

眼、耳、鼻、舌、身、意可流轉互換成意象、幻象 (2011.6；紐約自然博物館)。

曲線交織、加成、抵消、
互補、輪迴、極端化、無
奈化……，無數折騰之後
還是折騰、自虐。人前佯
裝光鮮亮麗；私下淒風苦
雨、躁躁鬱鬱。

　「正常人」之所以如
此，西方人從基本需求到自我實現，洋洋灑灑的心理學論
述與試驗鋪天蓋地，都有各自道理，也常掛一漏萬，當然
也有面面俱到、不一而足的學說讜論，然而，芸芸眾生，
大多數人到了中年，多淪落給宗教（或偽宗教）、醫療系統

等等「撿屍」！（族繁不及備載，略）最後，所有人都返抵「極樂世界」。

凡此「淺層快樂」曲線，最大的成分是「生物本能」的追求，也是人的天性中，正常、健康的一大部分，沒有什麼好或不好，而是「本來如此」，但「不止於此」！

20多年前上課時，我要求學生每天睡覺前，評價這天的快樂分數，並附註心情上下的內外在因素。一個月之後，畫出一張「快樂月經」圖，歸納讓自己快樂或沮喪的成因，從而認知自己的性格。然後，思考各層次（案例、思考方式或方法論、心性調整）的修訂。有沒有效果，誠乃經年累月事，只你知道。

簡單地說，快樂有生理性、心理性的粗略區分，兩者相互牽連、牽制或流轉，生理性的各類感覺也相互帶動、置換、連鎖迸發；心理性的快樂另有理性、智性、識性、覺性、心性、靈性等等類型。在此，只略述心性的「深層快樂」。

如果你可以深度瞭解自己的性格，洞燭讓自己情緒波動的各類型因素，之後，採取案例趨或避，思維通則的產生，進臻內在心性的改變，也就是變化了「快樂」的內涵或特徵，前述「生物本能」的快樂成分本質雖未改變，但波動或負面的情緒已大大降低，而你已加上了對他人的同理心、寬容心（對別人寬容才可能善待自己），你的身心較之前祥和，更且，最顯著的特徵：你的氣質改觀。

此階段的「深層快樂」漸漸接近所謂的慈悲法喜。

坦白說，世間沒有很多人具有如此的變化。而三不五時，我會去菜市場，看看眾生相、浮世繪，感受更多形形色色的美麗與哀愁，偶而，就會看到一、二張讓人很舒服的容顏。

　　至於「靈性快樂」，是體悟人生終極性議題的內涵，是對永恆性、無限性體悟的快樂，其「快樂」的本質，截然不同於前述「快樂曲線」的因素。「極樂世界」的「極樂」，代表脫離常人的喜怒哀樂，超越感官、識覺的境遇，既看不見，也說不得。我不知道。

　　說這些，不是要你切割感官心識，恰好相反，可以膚淺的時候好好膚淺，可以爽斃了你就盡興享受（不是叫你吸毒！），只是要你坦然真誠。純粹、真實地體會所有人性，千萬不要壓抑、扭曲、變形。愈是對自己真誠（完全與他人無關），則心性的蛻變愈加快速。

　　解脫意即不受心識的束縛；快樂就是超越快樂。

6
海邊石頭
—— Just so

～在恰當的時空、巧妙的角度交會，而且，恰好具有共同縹遠的前世或來生的某種律動，美，就發生！～

曾經在東部海岸看見兩部遊覽車停下來，人們下車，奔向海邊。很快地，有人眼尖，發現卵石很美，於是，忘卻了原來吸引他們的無垠海天一色，開始撿拾石頭。不一會兒，塞在口袋的石頭讓他們有點類似走動的木瓜樹。

大概所有的人都有此經驗：撿起來的石頭，似乎總是不及剛看見它那瞬間的美，這個現象的部分，叫做百貨公司的窗櫃效應。

走過一家百貨公司旁，窗櫃內一只寶戒的光華奪人魂魄，很美、很誘惑。當我想到如果買下來，掛在心愛的人的手上之際，寶戒的光芒更是四射。然而，一看到標示價格的天文數字，我只能喪氣掉頭。

每次路過，它總是讓我美一次、黯然一次。

終於某天我中了樂透，狠下心來，決定買下它的剎那，

它的美感程度上衝極限。可是，當店員的手伸向它時，它的美感等第似乎剩下99%，付款時剩下95%。回家的途中，握在手裡的它，美感在90與105%之間上下振盪。

回家後，無論從神桌擺到衣櫃，它的美感程度只剩下不到6、7成，為什麼？

勉強區分，殆有主、客觀。

主觀方面，主要的部分是人心結構，我不談；次要部分是「快樂曲線」，我已談過。

客觀方面，寶戒（或魔戒）乃經由特定工匠、藝術家的特定心智，精雕細鑿、琢磨揣測，殫心竭力，達成創作者心目中的成熟，還有，更重要的寶石本身的本質等等。凡此，只是它（成品）的本質或本身成分，擺在百貨公司窗櫃裡的安排，賦予它另一半的價值或價格。

經營者請來一簍筐的專家、達人，從空間搭配、色彩、材質、形狀、燈光、視角……種種考量，營造最符合眾人的平均值，或特定顧客群的偏好，還有，形而上的「名牌」催情劑，等等，創造了最符合「它」的時空氛圍或場域，或說，最易挑起人們價值感或慾求的感覺，讓它發出致命的吸引力：來呀！來呀！來買我呀！它的美感極值，限於擺在那個位置上。

一旦脫離了刻意營造的那個場域，美感七零八落，鉛華褪盡只剩素顏，更別說起居生活如廁。也就是說，美的成分，很大的一部分是刻意營造出來的空域，或形而上的感覺。世人很喜歡那種不實的 Fu。

海邊石頭的美，單純，也深奧得多！

海邊石頭（或任何自然物、自然場景）的美，是種短暫時空的交會點，你來了，恰好以一種巧妙的角度遇見它，它的美感極值，在客觀角度，只因為它恰好在那裏遇見你或你遇見它。脫離那個時空場域，美感值必然大打折扣。

很不幸，人心的一部分經由價值渲染、物化的欲望誇大，久遠以來，形成一種束縛現象：美感之後，頓生占有之心的殺美行徑。

數十年來我在台灣山林，每每悸動於無窮美感，說不得、抓不住，不可盈握，遑論占有。

我好像知道，美的本質或最深沉的一面，也就是我們與美的對象（勉強說是對象），擁有同一母體，同條臍帶與血緣，我們來自同一原鄉，儘管分化劇烈，我們身上的每一個分子、原子、電子，同於感受美的神經，以及神經抓住的任何一項影像、具象與抽象。唉呀！我實在說不出我們

台東小野柳蛇頭狀岩塊只在特定角度可見及 (2012.7.6)。

實在是同一回事，同一個某種東西啊！

當我們說大自然是最美的東西或台語的「秘件」，某個角度，是放棄對美的深究與領會。人類最醜陋的文化現象，或許是將思考、感受、心靈現象等，硬是區分為理性、感性、靈性、空性、神性，或一大堆類似的什麼碗糕。

當人們強調我們該理性面對什麼，並沒有要人放棄感性、靈性等，我實在想像不出為何人們如此將理性曲解；更要命地，也不知道何時開始，有些人將感性驅趕向慾望、擁有、占有，或「有」了什麼東西！數十年前我在自然野地的體會，只能說：感情是最深沉的理性；理性是最優雅的情感，或諸如此類不可分的語言、文字的糟粕。

不止美，我們所有所謂的真、善、美，或讓人身心愉悅的「秘件」，任何物質或心象，都是從地球、太陽系、銀河、宇宙的同一時空中演進或演化而來，我更搞不懂為什麼文明、文化的慣習，卻不斷地要求切割，不斷地區分成你、我、他、它、牠、祂，或系列的連鎖副產物。

好吧！就說理性地說，一般我們說知道了（台語說"知影"，台灣人的認識論是不可以知知、不可以識識），或可以說成「理解」，一旦眼見為真、親自見證或閱歷，「真切」的感覺更進一步，就說「瞭解」（多了一個眼睛）；而說「悟」解，意即深得吾心，涵括龐雜的知覺、識覺、理推、美感、順暢、通透，甚或靈覺、意識本身的律動。

最美的東西（秘件）最常令人視若無睹，例如每一片陽光

下或陰影中的綠葉，或說無能道盡的自棄語叫大自然；我們拋棄了絕大部分的美好，硬只在渲染自己的心盲，然後自艾自憐成痴，再去尋找大師、明師，用來擴大自己的病態。想到有什麼美學大師、性靈大師、宗教大師……我就想吐。對不起了，大師們！我確定「大師」就是區分你、我、他的你自己，事實上，無關於「大師」本身。

單子葉植物的「流星雨」。

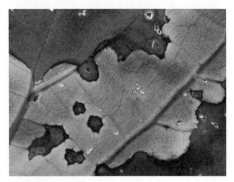

黃槿落葉的彩繪。

　　何謂美？隨意說：在恰當的時空、巧妙的角度交會，而且，恰好具有共同緲遠的前世或來生的某種律動，美，就發生！

　　唉！說了等於沒說。一旦領會了「Just so！只是這樣！」你就知影我說沒說。

⑦ 黑色的小白兔

女兒小時候很喜歡小動物，我們只好養了小白兔。女兒堅持我們要分工：我負責餵養、清糞便，她負責跟牠們玩。

一對兔子很快地生了一窩小小兔，小小兔多隻送人了，而留下一隻全身黑毛，只在胸口出現 V 字形白毛，還有 4 隻腳掌全白毛的公小兔，女兒命名牠叫小黑。小黑很喜歡看院子外的世界，經常前腳挺高、後腳站立，那模樣活像是台灣黑熊。

有天早上，鄰家小朋友靠在圍籬外看兔子，突然小黑衝過去，兔身直立，人、兔恰好正面對看，小孩一陣驚呼：

「媽媽！媽媽！趕快來看，來看『黑色的小白兔』！」

我坐在書桌前，被屋外小孩突如其來的吆喝，逼出了荒謬的喜感：「黑色的小白兔」；類似，但不同邏輯的冰店吩咐：「老闆！來碗比較熱的冰！」

人類心靈的喜感存有多種類型，其中很重要的一類是「意料之外」。事實上並沒有「意料」，而只有「之外」！

演化的證據——化石 (2011.6；紐約自然博物館)。

就簡稱「意外」。

牛頓運動三定律之一：物體動者恆動、靜者恆靜。生命體還是宿存著這項物體的「定律」，或可稱之為「習性」，習以為常。

而突破「常態」或「習性」，往往就會帶來「驚喜」或「Oh，My God！」，許多笑話的「賣點」都源自於此。再深入推衍，人心永遠帶著「突破的驚喜」，這是人的天性或宗教上所謂的「法性」，旨在「衝破」宇宙定律的束縛，朝向某種「永恆」邁進，不只如此，除了物化定律之外，人類更想突破「人心定律」，奔向屬靈的原鄉，也就是一切「意識」、「我覺」的終極來處與去處。在此，不

談深奧的底蘊，只談初步「荒謬的喜感」。

　　小白兔之所以叫做小白兔，是因為人類自雜色兔子中找出「白子」，加以人工繁殖，培育出白子的族群，從而以白子、白毛的特徵命名為「小白兔」。而白子是隱性基因的顯現，欠缺色素，因而眼球直接將微血管的血紅色素外映使然，只要體色含有一小撮色素，眼球即非紅色。市售「小白兔」其實有很多並非「白子」，只是白色兔毛占較大比例而已，真正的「白子」是純白、紅眼。

　　鄰居小孩因大人教導，誤以為所有叫做「小白兔」的動物都是白色，小孩不知或忘卻原來命名的原委，突然看見非白色的「小白兔」當然「驚喜、驚訝、誌怪」，顯然地，

人腦模型 (2011.6；紐約自然博物館)。

打破慣性、慣例就有一種喜悅；而我聽到「黑色的小白兔」產生的「荒謬喜感」，事實上是邏輯的弔詭或所謂的悖論，因果衝突的矛盾，或亞里斯多德的邏輯對上老子、佛陀的「困思邏輯」的背反。

小至生活調劑、壓力舒緩，乃至創意大賣點，大至局勢開創、帝國霸業，無一不包括習性、習慣、常態的突破，甚至模仿小孩俯身從胯下看世界，都可看出奇妙的新視野。

生物學的演化是不同世代之間的變化；達爾文的演化論存有兩大階段：一是產生子代時的突變或變異，這是逢機而乏方向性的，是上帝丟骰子的行為。第二階段是環境的天擇 (natural selection)，具有方向性，決定適合該環境條件的子代才能存活。當環境改變，天擇壓力隨之改變，原本「成功」的個體，其子代很可能被淘汰，除非子代已突變出足以適應新環境的綜合條件。

人類超越純生物演化的特徵之一在於：人類的心智容許在同一世代之內，進行類似多世代的演化，不斷地在個人心智上運作永遠的創新，用以開創新局；一個人成功的經驗，可以是下階段失敗的主因。一生的「成功」，必然是不斷蛻變、適應與創造的總和體。

經驗的智慧時而予人確保不斷蛻變的成功，也常叫人墮入習慣的死亡，除非是先見之明的機先。一些商業、企業性的雜誌頻頻教人如何「成功」，但大約九成閱讀該類雜誌的人是笨蛋，通常是學習別人的成功而失敗。重點是，

如何在心智上蛻變成機先，這等智慧不會也不可能在雜誌上敘述。

歷史經驗往往是偉大文化或文明的墳場；經驗、讀書永遠不能代替活性思考！任何人絕對不是他的經驗之所生，上帝卻從來沒創造有經驗的人；古老或先進智慧的經驗一半對、一半錯，能夠講得出來的叫糟粕。

小黑？台灣黑熊？（2012.7.28；高雄國賓飯店）

站在大樹下，觀看風中搖擺樹葉灑落下的天光閃爍明滅，沒有任何一瞬息的光斑是固定不變的。有黑色的小白兔，有沒有白色的小黑兔？當然！

輯一、生命教育

8 等比級數

　　有位聰明的臣子為他吝嗇的國王完成一件大事。國王很高興要賞賜他；國王吩咐他要什麼儘管說。

　　聰明的臣子拿出一張 8×8=64 小格的棋盤紙說：「這 64 格代表我想要的麥粒，第 1 格放 1 粒，第 2 格放 2 粒，第 3 格要 4 粒，第 4 格 8 粒，第 5 格 16 粒……以此類推，可以嗎？」

　　國王看了哈哈大笑，立即爽快地答允他，但附帶條件是，臣子得精準地算出他應得多少粒麥子。臣子一聽臉都綠了，趕緊放棄任何賞賜，為什麼？

　　自以為聰明的臣子很清楚他要求的麥子總數是：$1+2+4+8+\cdots\cdots+2^{63}$ 粒，這個天文數字原諒我寫不出來，換個方式讓讀者理解。平均 1 立方公尺的麥粒約有 1 千 5 百萬粒麥子，而臣子要的麥粒相當於 1 萬 2 千億立方公尺，比全世界生產 1 千年的麥粒還要多！

　　臣子如果敢要，他得每粒計算。假設他 1 秒算 2 粒，每天算 12 小時計，他算 10 年可算得 20 立方公尺。他必須花

自然哲思 三部曲

3,900億年才算得完他要的「賞賜」！

我小學時候，每逢過年期間，家鄉總有小江湖郎中擺賭攤，有6個格子讓人押寶，押對了2倍奉還賭注。表面上勝算是6分之1，假設郎中沒耍詐。以2倍還中賭注者，則賭徒的勝算是3分之1（假設每次都下注同樣金額），郎中還是穩贏不輸。於是我想第1次押1塊錢，第二次押2元，第3次押4元，第4次押8元，以此類推，我若準備4,095元，我可以押12次，我就不相信中不了一次，值得試試。然而，我只有5百多塊錢，至少也可賭個9次。

不料我下注到第4次，就被眼尖的郎中阻止了。喔，現實世界沒有等比級數?!

著名的蓮葉問題、馬爾薩斯人口論、許多生物學上的繁殖率計算，在現實上通常不會發生，因為資源有限、複合因素萬萬變，只有人心、慾望中，才有等比級數的想像。

聽說追求「離苦得樂」是人的天性。人有了1百元，想要1千、1萬，有了1萬想要10萬、百萬，想要千萬、億萬，多多益善、永無止境；財富、權勢、地位……，所有眼、耳、鼻、舌、身、意，能夠享受、擁有的任何事物永遠沒有「無限」，因為世界就是有限的存在，這

著名的「蓮葉問題」也是等比級數的例子。

半屏山 120 高地的大碉堡砲臺 (2013.12.25)。

自然哲思
三部曲

些世俗的追求，必
然以苦來結尾。

　　小時候有人盼望
兒童節，因為將有
所得；1、20年後可
以過青年節；再過
1、20 年 就 是 父 親
節、母親節；接下
來過重陽節，然後

大碉堡內牆壁上的說空歌廁所文學 (2013.12.25)。

呢？假設你有墨守傳統節日的後代，至少還可過清明節 ?!
祭日 ?!

日前到半屏山作生態調查，到達 120 高地有座日治時代的「大碉堡」，曾經駐放一門 15 公分砲徑的加農砲，如今只剩下地面上鏽蝕的砲座痕跡。牆壁上有山友書寫著：

金也空，銀也空，

死後何曾在手中？

日也空，月也空，

東昇西墜為誰功？

田也空，厝也空，(註：厝宜改作茨)

換了多少主人翁？

妻也空，子也空，

黃泉道上不相逢！

　　這類台灣民間常見的廁所文學，算是誤解了「空」，也可能白活了一輩子，然而，全球歷史上太多此類型的感嘆。希臘悲劇精神的一例：人最好的事就是不要出生，次好的事趕快去死；印度有支哲士派也修出了耆那教，最後赤身裸體、絕食而死，聽說精神上無比「快樂」。

　　你快樂嗎？那得看看你有無等比級數的迷思，也得看看你對「心靈」的悟解層次而定。

　　所謂「等比級數的迷思」大致上相當於人心慾望的放縱，它會無止境地催促人們思考「know how」，而阻止人沉思「know why」。然而 kown why、人生的價值或意義，以及最有意思或深層的快樂，經常是同一回事。

9
日本獼猴

多年前在自然頻道上看見一部影片的片斷：

因為棲地即將被人為開發毀滅，一群日本獼猴被保育人士遷徙到半自然的新家。原環境時代的猴群必須在野地覓食，每天耗費長時間找吃。如今新環境裡，由人們餵食，因而猴群擁有漫長的時間玩樂。

很快地猴群發現地上的石頭也是玩具，但總得有先行者創發，其他猴子才漸次加入玩石頭的遊戲。牠們發現，抓起兩石碰撞不僅有聲響，時而擦撞出火花而樂不可支。

鏡頭上出現一隻公猴抱著一堆石頭，突然間，另隻公猴衝過來搶奪。導演旁白說：「明明滿地都是石頭，幹麼搶別人的?!」

畫面隨之轉換到人類幼稚園的一間大教室。

教室牆角置放著琳琅滿目的玩具，平常小朋友大多玩膩。有位小朋友不經意走過堆積如山的玩具旁，隨手抓起一隻泰迪熊抱在懷裡。冷不防另個小朋友一箭步衝來搶走泰迪熊。

自然哲思
三部曲

導演一樣加註了句：「明明滿地都是玩具，幹麼搶別人的?!」

然後節目似乎告一段落。我不確定該節目的前後有無詮釋這等行為，反正我只在目睹上述情節的瞬間喊出：

「喔！這不正是價值原理?!」

黃金、晶鑽、寶石何以有價值？從原始人發展迄今，何謂價值連城的「寶物」？又不能吃，何以自然人時代即認定「有價值」？

從猴子搶石頭、小孩搶泰迪熊的行為，瞬時即可領會價值的第一原理：

「價值」是猴子、是小孩賦予的。被搶走的那幾顆石頭的「價值」，是起初撿拾的猴子賦予的！小孩亦然。

「價值」的第二原理即：價值是「感染的」，從個體到族群，漸次「約定成俗的」，或不必約定即成俗。

然後，吾人馬上可以推衍：價值是「創造的」！

靈長類的演化一脈相承，連價值原理亦然（2010.9.18；印尼峇里島）。

歷來我從事保育運動、反核或系列環境運動，或解說教育時，頻常引上例，用以刺激、鼓舞聽眾：

　　「我們正在開創這社會尚未存在或尚未普遍的新價值、新道德！」「我們正在開創人類社會尚未存在的善！」

　　而我所謂的善、新價值、新道德，其依據傾向於建立在「後果論」之上。也就是說，一個行為之所以叫做善、有價值、有道德，是因為有了該行為，對族群、社會、人類的圖存、生態系的永續，是好的或有正面助益的；如果沒有該行為，則通常對族群、社會、人類、生態系是不好的，或負面的、傷害的。

　　一般倫理學探討的是道德的原理，歷來成為顯學的立論如康德的先驗、孟子的性善、荀子的性惡、尼采的「一把權力優於一袋正義；別誤以為自己跛腳，即占盡真理！」等等，瞎子摸象、各顯偏頗，而我的傾向是否僅止於「目的論」？

　　我一生的行為堅持，但心智上始終保留最大比例的「留白」。

　　產經企業、商界、政治界，等等，天文數字般的新價值、新道德、新倫理、新規範亦刻正創發中。

　　所謂價值（觀），經常是特定族群、社會，在特定時空的一種集體性的文化偏見，或被催眠後的一種傾向，而且，對價值或倫理、道德進行分析、討論、辨證，以及下論斷本身，免不了也是特定文化的時空偏見或慣習。

　　我想強調的是，所有生命、自然生界、宇宙萬象，本來

就具足自然或宇宙倫理，不須經由人為或文化的認證，不須規範，雖幽微但始終存在。它是支配李奧波之得以在西方強烈人本、資本主流中，殺出土地倫理的根本動力；它是近半個世紀來，美國哲學走向荒野，心理學走向半神秘主義的唯心論理的活水源頭；它也是南亞哲學與宗教始終不可分離的基礎；它更是任何地區素民在地主體性不可或缺的根荄。它似乎是我之所以自認為非動機性、非目的論的內在緣起。

近年來我才體悟，我們從來沒有搶救山林、搶救環境，而是從來都是山林、環境在搶救我們。我們之所以挺身而出，或獻身任何關懷、救贖，基本上都是來自自然或宇宙的內在信仰，只不過文化的偏見讓我們自我蒙蔽。

這類所有人與生具足的自然（宇宙）信仰，是自證之體，是活體，是屬靈而無法言詮，且善於被望風捕影、瞬息萬變。它是一種禪悟似的，說是一物便不中，卻可在萬象流變中，剎那左右心靈、意識的波動、悸動與安詳、澄明的輪迴。

曾經有位宣鑒禪師，俗姓周。他年少出家，依年受具足戒。他精通律藏，對各種經典頗能貫通。他常對時人講授《金剛經》，並且寫了一大堆見解，因而時人贊其為「周金剛」。後來他聽說中國南方的禪風很盛，自負的他嚥不下一口氣，就挑起他撰寫的一大簍《青龍疏鈔》，南下想去挑戰、踢館。

當他甫踏進南方領域的灃陽路上，肚子餓了，恰好看見

路邊攤有個老太婆在賣點心餅，他佇腳想買。老太婆問他挑那擔文稿是什麼東西？他答論述《金剛經》的《青龍疏鈔》。

老太婆說：「我有個問題請教，答得出來，點心免費送你吃；答不出來請到別家去！」老太婆提問：「《金剛經》說過去心不可得，現在心不可得，未來心不可得，敢問先生你要點哪個心？」

周金剛傻住了無言以對。他鎩羽而歸。折回家中後，將他撰寫的文稿付之一炬，嘆說：「窮諸玄辯，若一毫置於太虛；竭世樞機，似一滴投於巨壑！」

一個滿腹經綸的學究，不敵賣點心餅的老太婆一句俏皮話，為什麼？

因為他「太有學問了」，以致於瞬間答不出來：我買無心餅。

全球千行萬業的實踐者、生活者通常沒有偉大的理論或系統化的專業知識，但他們舉手投足的經驗、體悟談，往往學究寫不出。

猴子、小孩「寫」得出來的價值觀，怎可能你不能創發？

⑩ 路邊攤（一）

我已經盡力了！

依據統計，失敗的人最常講的一句話：「我已經盡力了！」

有些時候真的如此，更多時候並不盡然，偶而，的確「非戰之罪」。

折磨、痛苦往往是人生最佳的醫師；失敗更是人生重要的一部分。如果你哭，務必相信，淚後的人生更光明！視障作家海倫凱勒的名言：「有視覺的人，看得很少！」有了失敗，或許可以看得更多。

激進與保守

克列孟梭 (Georges Clemenceau, 1841-1929，法國總理) 說：「如果一個人二十歲時不激進，那他心裡有毛病；如果他三十歲仍然激進，那就是腦袋有問題。」

邱吉爾說：「四十歲之前不是自由主義者，沒有勇氣；四十歲之後不是保守主義者，沒有智慧。」

這些都是茶餘飯後的聊天話，意義貧乏。真實世界的激進與保守非關年歲，激進與保守也無界限，重點在面對瞬息萬變的客觀環境時，活體智能的展現，不幸的是，大多數的「智能」都是事後諸葛。

　　成敗論智能則是最弱智的行為。這裡沒有定論。

一把花生

　　台灣獼猴常常折損農作。老輩台灣人眾多捕捉獼猴的方法之一：

　　人們設置一甕，甕中放入香噴噴的花生。所謂的甕，常是開口小而肚大的液體容器。

一把花生值得一條猴命？（2010.10.12；嘉義市路邊攤）

猴子來了，一手恰可伸進抓花生，但抽出時，抓滿花生的猴掌卻卡在甕口，猴急了吱吱叫。人來了，猴更急，但就是死也不肯放棄那把花生。人掄起棍棒往猴頭一敲⋯⋯

猴笨、猴子聰明？(2010.8.9；玉山國家公園)聰明與否，乃生物無窮生存變動性參數之一。

台灣話說：鳥為食亡，猴子亦然。

人們稱讚猴子聰明，也罵猴笨，寧可要一把要不到的花生而命喪九泉；然而，罵猴的人高明了多少？

每天的社會新聞，猴笨之人前仆後繼，絡繹不絕、永世存在，不只罵猴，罵人也罵自己。

一把沙

不智、不情的「希望」就像手中的一把乾沙，愈想擁有，流失愈多。

得罪了！

網上有人Po出：「從來沒有得罪過人的人，那就注定不能與人深交，過分的平和與寬容，反而是會喪失了做人的準則⋯⋯」

我回句：「世上有『從來沒有得罪過人的人』嗎？」你看，馬上「得罪」了人；嬰兒一出生就「得罪」最大了媽！

把握時機

1988年、2005年我分別詳實調查了南橫公路全線兩度，並未發現某種蔓藤植物數量多。後來有次車行南橫，該蔓藤族群正盛花，這才發覺它的數量大得驚人，只因未得其時，以致欠缺「一鳴驚人」的效應。

地球生命生長有時、開花有時、結果有時、死亡有時。夥同諸多自然現象，教我理解、瞭解、悟解，該你上台、該你表現、該你力爭、該你沉默、該你歡樂、該你悲傷、該你任何的該然，你都該該個透澈，否則再也沒有機會。

此等「該然」是屬於「合時之該」。日治時代的教化讓台灣人強調：做個人，你得有個「La-Si」，也就是「樣子」。小孩有小孩的樣子、父母有父母的樣子、什麼角色就該有該角色的該然或樣子。不合時、不得時、不像樣，往往就是怪裡怪氣或不自然。

頭腦體操

誰都知道，人類生來就得運動，更且年歲愈大，適度的運動愈形重要。而頭腦更需要隨時做體操，舉凡數理邏輯、聯想、冥思、觸類旁通、系統沉思、明察秋毫檢驗……，多多益善。要知人類一生開發且善用大腦的使用率，通常不及百分之一，其他百分之九十九都淪為腦渣，暴殄天物。

相信我，天底下沒有真正的「用腦過度」，那通常只是情緒鑽進死胡同的代名詞，絕非用腦。腦筋愈用愈順、愈

現代文明徹底是由溫帶人種及其文化所創造，且不斷摧毀熱帶、亞熱帶生態系。不幸的是，現代社會的複雜問題，有賴於熱帶、亞熱帶複雜的運作來解決與創發，可嘆的是全球幾人窺進根荄？圖為印尼峇里島壁畫 (2010.9.7)。

操愈澄明，而且，更有助於專注或禪修。不過，用腦甚耗能量，遠比體力更耗能，你得適時適量補充。

　　隨意擺路邊攤僅只建議你，請你在生活任何細節、結構性、大因大果等等面向自由大肆發揮。至於像我以上列舉的小小攤，任何正常人，一生可以創生數萬、數十萬則，往往可以點綴生活情趣，活得有意思些。

⑪
路邊攤(二)

習性之一

身分證上的年歲我已超過耳順。不確定我們那一代究竟與年輕世代，在生活細節的價值觀，或行為上存有多大的差距，但我確定人性在萬年、千年來，並無明顯的改變。

以我為例，舉些小例說明我的微細價值觀：

1. 小時候乃至青年期，偶而有機會吃頓較體面的餐館，我很害怕看見乞丐、窮苦人家、邊緣人或勞苦者，因為：「憑什麼我可以享受？」我得自我安慰：「我會更加努力、打拚，這頓奢侈是向未來借來的！」

2. 青壯時代，強烈的研究、調查使命感，教我只要陽光普照，而我人不在野外作調查，就有罪惡感。大約55歲以後，我才稍能免除這等「內疚」！

3. 迄今，如果我老是在同一家水果攤、麵包店購買，而忍受一段長時程因為太貴、太難吃，改向別家買。當我提著別家的貨品時，很怕撞見老店家，因為會有一種「背叛感」！表面上看來，這是荒謬；底層裡，其實是一種「感

情」的成分。

4. 吃自助餐時，從來只拿自己可以完全吃光的食材，否則叫「浪費」，即令明明知道，飯店會丟棄絕大部分當天剩餘的菜肴。無論如何，個人只對

台灣人普遍吃鹹魚的日子，形塑簡約、樸素的生活態度或淳樸的民風 (2010.8.31；嘉義菜市場)。

自己的行為負責，客觀狀況如何，是別人的事。

⋯⋯

之所以如此，大概是成長背景、所有環境及際遇，在青年期之前，賦予我的熏習，但事實上，在思想概念的彈性，我大得很；在公眾事務或公共議題，似乎我也大方得很。而所謂的「熏習」，較重要的要素大抵即生物學上童幼期的「印痕」、家庭環境的情愫與記憶、特定印象深刻的遭遇或衝擊。依唯物論觀點，則遺傳物質、性格才是主因。而我傾向於以理對人，以情對己，相信這也是人之常情。

諸如這等微細的價值觀，我將之列為人的習性、慣性，因人、因環境、因時間或世代，在台灣特別快速地流變，卻常是人與人之間衝突的主因之一，一項不值得、沒必要的情緒負面效應，在隔代之間或夫妻生活中，時而特別嚴重。

人與人之間，當「感覺」不對勁的時候，最好不要墮入習性的衝突。太多人瞭解，很少人出離。

最小量「定律」

　古代台灣人以條條木板箍緊，加個底，謂之箍桶。圓桶的每片木板通常等長，而裝盛流體的容積，取決於直徑及木板高度。如果有一、二片木板條矮了半截，容量當然只剩下半桶。

　一個生態體系的諸多環境因子或因素，可比喻成台灣木

世紀末葉，尼采痛罵：「現代的國家瘋狂到只知拚命增產、提高財富……商人低價買入、高價售出的商業道德，是由海盜道德煉製而成的……」但西方資本主義卻席捲全球。而今，台灣許多人大拜特拜五路財神的大元寶 (2012.11.11)。

桶的木板條。生態系的歧異度或某種豐富度等,往往取決於最匱乏的因素,而無論那一項條件如何充沛、優渥。如此,此道理差可謂之「最小量定律」。

雖然生物學、生命科學根本沒有物化定律的「定律 (law)」,更且尚有一大堆或謂因子補償、補位作用、迴饋現象等等,基本上「最小量定律」(最早源自對作物施肥的試驗而來),只是特定因子的現象、傾向、概念、存有漏洞與例外的原則等,卻無妨可以使用在社會、人生的若干提醒、比喻、警告、預防等作用,不是真理,但往往有用或適切。

一個國家總體成就的良窳,時而取決於政治、經濟、教育、交通、自然資源、歷史境遇……,且以其最欠缺的部位為關鍵;一個人努力的成果,或亦操控在他的最大弱點或缺憾之上。

此中,最常形成人的「命運」者,就在「性格」、「人格」,一些明明可以扭轉的因素。往此面向推衍,就形成多如牛毛的格言、箴言、有智慧的話或例證,凡此「美美的」佳句,無庸我贅言。

你、我,察知自己的缺陷「定律」嗎?

親近大自然

無論你多麼「忙」碌,許給自己一道頂級的美味:除了例行運動之外,每個月至少一次踏踏青,走進台灣的自然山林。

～如果我們可以從哲學、文學、科學、藝術，得到先哲的肯定與慰藉，我們更可以從自然生界，得到終極的溫暖與和諧，就像我們的老祖宗，之所以歌、所以頌、所以興，絕不會從蒼白大地所產生～

附帶地，我很不喜歡說「忙」（雖然還是說），因為「忙」這個字代表「心死了！」只要有心想做什麼，「忙」就不盲了。

老幹新枝

再老的樹幹，長出的還是嫩葉、新枝。心靈純淨，永遠萌長清新思維與希望，無關年歲。地有晝夜、人有睡眠與清醒、年有春夏秋冬，始終在賦予淨化與重生。讓悲傷在日落時終止！

一個古老的故事：

某個國王命令全國最好的金匠，替他打造一個戴著可以免除

澎湖媽宮老嫗一生堅持勞動 (2010.10.16)。

煩惱、憂愁的戒指，期限一個月，造不出來殺頭。

生命會自行找到出路的！(2014.4.21；南橫東段天龍)

可憐的金匠手足無措，直到第29天才想到一個辦法，他在普通的戒指上打下一行字：「一切都會過去的啦！」呈上去。

國王在心情不順暢時，看到那行字，果然有效。

這個老梗說法，重點不在金匠有多大的智慧，而在國王放得下。

科幻電影《E. T.》反過來說：「生命自會找到出口！」也因之膾炙人口。

人在貪、瞋、痴的欲求支配下，煩惱叢生，不如意、求不得、生老病死、月月難過月月過，於是無聊的人，想出了無窮安慰人的無聊話如是。

其實，自然界、你自身，每天都有一套本身的自淨機制，但看你使不使用。

⑫ 焓與熵

　　38年前的大學必修化學課，迄今依然鮮明深刻的，就是熱力學定律的焓 (enthalpy) 與熵 (entropy)。姑且不論它們的觀念、微積分計算公式、物化乃至宇宙學，甚或生態學的延伸利用，當年讀到它們的最大震撼在於：物質粒子的天性（法性）是趨向最大亂度與最低能量，則對照生命緣起於宇宙物質的不均勻、能量的不均質，當下我的第一反應，生命基本上（或本質上）就是宇宙定律的反動！做為生命分子之一的我們，存在就是命定的一種掙扎、抗爭或永恆的奮鬥，否則就是死亡，因此，生命或活著的根本意義就是戰鬥。

　　從有機物質的形成，RNA、DNA 到第一個細胞的產生，以迄36億年地球生命的演化，從來都是抗爭宇宙終極定律的「混沌」（熵），生命的價值與意義愈來愈背負著對抗物、化定律愈大的能量，直到必須超越物化定律，才可能出現人生的終極目標！

　　近7年來我投入宗教、靈魂或意識 (Consciousness) 的探索，

自然哲思 三部曲

印度阿占塔 (Ajanta) 石窟開鑿在河谷石山山坡上 (2008.4.10)。

漸次由直觀體會佛法、近世印度教的深沉內涵，夥同對量
子力學、弦論、平行宇宙、蟲洞等等現代物理的理解，我
只能「無能地」宣稱：現代物理研究的結果，恰與唯心直
觀宗教的領悟幾乎完全一致，包括現實宇宙萬物既是真
實，也是不真實，只是相對真實，一切是宇宙意識或思想
波搞的鬼！

　　以理性的語言敘述，我認為終極的生命意義在於超越物
化定律、超越 DNA 的所有密碼指令，回歸宇宙的意識、
絕對的自由或上帝本尊。

　　不幸的是，我就是寫到死，詮釋到我在生命的完結，也

不可能「圓滿」解釋，部分原因是我們使用的語言本身停滯在很「原始」的階段（維根斯坦已經解析了一部分）；部分原因是人類心靈的囿限（人類的理性、因果律先天不可能詮釋超越心靈的靈魂或意識）；更大的一部分是「我」的無知與無能。我只能虔誠地告訴你，我永遠敞開內心最大的一部分給神！

謝謝你看完上述，而且還能往下看。下列的文字則是普通語言。

我之所以談上述，旨在鋪陳大背景。背景或基底不明，說尋常話時，頻常只是一般社交語言，經常只是打模糊仗、言不及義或雞同鴨講，意義的比例太低。

印度阿占塔 (Ajanta) 石窟第 1 窟外觀 (2008.4.10)。

上述第一層級闡明：生命繫賴的物質、生命現象及其運作，從未違反物理、化學定律、法則，卻延展出「衍出性特性 (emergent property)」，這個生命科學或哲學的字辭不易翻譯，要解釋也得大費周章，簡單的比喻就是：1+1>2，例如一個細胞有一個細胞的功能，10萬個細胞組成的小器官，卻產生10萬個個別細胞所沒有的新功能；不同器官組合而成的例如消化系統，該系統又展現出個別器官所欠缺的新功能，依此類推，一個人所具有的功能，超越了所有細胞、組織、器官、系統、人體的所有個別功能！更且最重大的特徵，在於人類擁有衍出性的精神力、意志、意識或靈魂等。

再另行比喻：兩隻手掌合拍，產生「啪」的聲音，這發出聲音的功能是原先兩隻手掌所欠缺的。

人類運用「衍出性特性」，不斷創造新發明、新文明，而且，現今新科技已經直接挑戰約19世紀之前，人類視同「神」一樣的功能發展。簡單地說，人類的發展正是邁向「神」化！

然而，肉身的演化速率緩慢，人身還是動物性的肉身，現代科技即令一部分可以彌補或強化某些肉體的缺陷或不足，無論如何我們還是凡人，一樣重複所有人性的弱點。全球6、70億人口當中，得以在直觀面向修行到超越物化定律及自身DNA的指令（包括最普通層次的習性）者，鳳毛麟角。

做為一個凡人，因此，我想談生命第二層級的文化議題，而且先談總體面向。

面對無常人生，在人生態度或價值觀的選擇方面，我約略區分為籠統的西方式及東方式，以及介於此間，或別樹一格的印度式，或集大成。

西方的英雄主義，很大比例是基於浪漫 (Romantic) 情懷，堅持對崇高理想永不妥協的追求，即令犧牲生命也在所不惜，而歷史上形形色色的英雄，多得不可勝數，悲劇英雄的史詩、故事、文學、戲劇感人尤深；相對的，中國文化偏重結果，更以成敗論英雄，故而20世紀中國大儒唐君毅評價整部中國歷史，只出了「半個」英雄，就是項羽。中國的主流文化殆即成王敗寇，因而為達目的，不擇手段，從而再怎麼下流、奸詐的手腕都使得出來。

同樣東方的日本則截然異於中國，櫻花武士道的浪漫壯烈多可歌可泣，而台灣人受到東、西方文化大匯聚，亂度或歧異度極高。

如此敘述並非下達是非對錯，而在於個人生命調性的差異，任憑你自由、自主選擇。

以個人一生為例，我是選擇了西式浪漫，即令一事無成，但求當下的淋漓盡致。世界聞名的印度阿占塔 (Ajanta) 石窟內有句銘文：

「一個人只要在世間留下清晰生動的記憶，他就會繼續在天堂享受幸福……」

我更相信，只要是全心全力去打拚的任何事，無論多麼悲慘的結局，人生的字典中沒有「後悔」這字眼！而且，只要活著開始滿足於「順境」，則某種程度以上，這個人

的精神大致已陣亡。充滿真實意義的活著，意即挑戰重重、困境多多的時段啊！

印度阿占塔 (Ajanta) 石窟內宏偉的石柱 (2008.4.10)。

⓲
生態智能

～我們正處於你所能想像的，台灣史上最無知的時代……～
～有位精神科醫師要診斷患者究竟有無精神病。他問戴眼鏡
的患者說：「如果我把你左邊的耳朵割掉，你會怎樣？」
患者答說：「我會聽不見。」醫生再問：「如果我再將你右
邊的耳朵也割掉，那會怎樣？」患者說：「那，我會看不
見！」醫生嚇一跳問：「為什麼？」患者說：「因為這樣，
我的眼鏡就掉下來了！」患者被當場釋放，因為因果關係
清晰的人不可能是精神病～

當代所謂文明社會的教育，充斥智能至上的偶像崇拜，
整個教育系統也環繞在知識、工技的訓練，一大堆測驗、
IQ圖騰，把人的價值定位，趕到了「發展、成長的胡
同」，這樣的教育在台灣尤其惡劣。台灣人唸書唸到大專
院校，所謂過關斬將的莘莘學子，幾乎沒有不是深埋自卑
情結的畸形心智（我一、二十年在大學教書的各班調查盡是如此），
好像台灣教育系統下，培育了十多年的教育，教導出個個

懷著自卑感的怪胎。

從地球人類發展、生界演化史來看，我們目前所擁有已知「如入化境」的知識，有可能是錯誤的時代偏見；我們殫盡心力培植的所謂「智能」，也有可能是趨向全球毀滅的誤導；我們對智能的瞭解似乎相當有限，而今日所謂的智能，更常只是「聰明」之類的小技倆。

我所認定的智能，必須是「長時期」或「跨世代」的，且大多是「整合性」的；反之，聰明是「短期性」、「反應型」，且傾向於片段知識、殘缺事務的掌握能力。我心目中理想的智能必須具有下列五大特徵。

第一，我們說某人具有好的智能，或某項思考或行動是優秀的，其必須能區辨因果關係，尤其是大因、大果、大是、大非。

有位地理學者曾經講個故事，18世紀時，有個類似今天精神科的醫生，設計了一個據說絕對可靠的辦法，去區別患者是瘋子或神智健全。他在一房間中，一邊裝置水龍頭，另一邊放著拖把與水桶。他把要被診斷的患者關在該房中，然後轉開水龍頭。當水流滿地，那些忙著去找拖把與水桶者被診斷為瘋子；那些跑去關水龍頭的人被視為神智健全者。

曾聽過一位研究日月潭水體生物相的研究生的專題報告，他分析了每月份各生物族群的變遷，畫出狀似完美的變化曲線，並解釋族群消長。我問他知不知道日月潭會洩洪，會因暴雨而一夕水體幾近於全面置換，他答大約知

道，追問他：既然水體可能多次替換掉，你的曲線意義何在？他傻在講台上。

1991年5‧5反核，我與中部的一些大學生北上參加遊行。回來後，課堂上學生提出他的批判：「整個反核隊伍，那麼多吃檳榔、抽煙、垃圾滿地丟的鄉下佬，一個人連自己的生活環保都不能做好，有什麼資格反核？」同學都點頭稱許。我問他，反核是不是為了廣大生界空間、跨越數代時間、尊重生命不可忍受之萬一？反核是不是對公共政策瞭解、質疑並表達理念的公民權？反核是不是對自由民主政治的參與，對後代表達保留選擇權的情操？他答是。再問他，個人生活環保是否與個人環境、文化生活習慣背景有關？他答是。我告訴他：「你唸到大學，所謂知書達禮，在乎個人言行，懂得反省，很好。如果那些反核的『鄉下佬』也像你，懂得調整個人的生活習慣，更好。然而，試問這些『鄉下佬』秉持一份鄉土危機意識，流露純真情感，跟你一樣，並非存私為己，在今日全台人民當中，勇於站出，又有些微認知，這樣的人比率有多少？然而，你把尊重生命生機、表達公眾權的大情操擺在天平的一端，另一端擺上丟紙屑、吐檳榔汁，而且，個人生活環保細節卻遠重於反核的集體良知，試問如此的權衡是否恰當？如果我是你，我會拿起垃圾袋，他丟下我撿起。看見你在撿拾他的垃圾，他應會臉紅，會說對不起，會主動一起撿拾，沒多久，你會看到整個隊伍的自制與自動。」舉座學生啞然。

「黨國教育」迄今依然在荼毒台灣新世代 (2012；某高工)。

不幸的是，這社會一大票名流、高智力、高收入的中堅，對社會、國家的一大堆建言，充滿可笑的「拖把與水桶」，不僅分不出大因、大果，儘在雞皮狗蒜事打滾，仗恃體制賦予有形、無形的特權，賣弄膝蓋式聰明與投機。

關於智能的第二個特徵是，要能明辨「know how」與「know why」。知道原子彈怎麼做，會有什麼反應，引起什麼傷殘是「know how」；知道為什麼要做原子彈，決定引爆或摧毀是「know why」。今天，整個社會充斥如何獲致開發、經建，如何更有錢、更有權，如何打倒同胞便是成功，如何營利、提高國民所得，但不知整體環境、生界與世代的災難，不知人心如何沉淪、是非如何不明，一大

台灣人的生態智能的底蘊在觀音佛祖。圖為澎湖媽宮觀音亭 (2012.10.15)。

堆短期近利的知識，其實只是「無知的知識」、「片段零碎的知」、「無方向的知」、「無所節制的知」、「無所託付的知」，這些 know how 有可能是「致命的知」、「反生命的知」、「助長病態的知」。

真正的智能通常是緩慢運作，近似於智慧，會問出為什麼，再問基於何等理由、終極目的；真正的智能，要擁有全方位的慧根，對廣闊範疇皆具備可以認知的能力，擁有強大的思惟敏感度，一種得以正視可能性的善的能力；真正的智能，要能見及這世界尚未存在的善與是，要看出這世界既有的惡與非；要善於分辨優先率，看出緩急輕重，分析各不等程度的善，釐析相對較重要、最重要的事務，避免落入「急的事往往不重要、重要的事往往不急」的泥淖；要具有足以嗅出正確方向的鼻子。能夠這樣，是謂睿智。

觀音亭上聯：「音果能觀身上別生法眼」
（2012.10.15）。

下聯：「祖來成佛胸中本具婆心」
（2012.10.15）。

第三，好智能的特徵之一，必須擁有維持善的秩序，要能和其周遭環境和諧共存。畢竟，一個人行為的結果，就是其智能展現的水準；無知的自圓其說，無益於自我辯護。智能的運作，總需要耐性與對極限的感知。好智能的人通常不會作越軌的假定、盲目的樂觀，不致假定人類的聰明才智將不斷成長，足以制服先前塑造的惡魔，核能與核戰就是此類的邪靈。如果說任何社會存有「社會智商」，所謂已開發的社會或文明社會，依此角度，無疑是劣等智商。

第四，好智能不違反道德分際。好智能的行為懂得節制、忠誠、公正，富於同情心、誠實度高，得以和人類美德取得和諧。在此所謂道德，並非基於神學上的理由，也非泛道德論，要知「道德是長期的實際性」，因為這些特性是歷來讓我們活得較美好的基礎。我毋寧以「後果論」的觀點去省視人類的道德。從道德出發，人類易於得知人的有限性、不可靠性，以及我們的無知。

如果我們放縱工具主義的邪靈，勢將導致智能的傾毀，使我們喪失透視事物本質或真相的能力，無能照顧到思惟與行動的周延性、整體性。真正的智能是心靈的馬力。

如果我們聽任道德與智能的腐化，誠如愛默生論自然的名說，會導致語言的腐敗，新意象無法產生，老字眼會被曲解，文字語言會喪失刺激感知、感動人類的力量。時下台灣的政治語言，或所謂的文宣，就是徹徹底底爛透了的語言與文字。

一個人可以是聰明的，卻是毫無智慧；可以在所有的學科得高分，卻在生活與生命被當掉；整個文明可以同時是聰明且愚蠢得無以復加。換句話說，今天工技文明展現令人嘆為觀止的偉大成就，卻無能解決最最基本的公共問題，包括環境的惡化與維生系統的迅速瓦解；電腦世界的日新月異，卻伴隨人類心志的萎縮與腐敗⋯⋯我們的社會愈來愈聰明，聰明到足以摧毀所有可能性希望的未來，卻愈來愈沒智慧。

第五，好的智能是從自然界的「完整性、穩定性與美感」中，獲致其活水泉源，而「征服自然」的聰明，事實上是摧毀人類心靈與智能的根基，是挖掘人類的本源。整個地球豐富的生命樣相，是心靈的「驚嘆劑」、「奇異果」，更是人之所以為人的根本。

我們有足夠的理由相信，人類的智能不會是從欠缺豐富生命樣相的蒼白大地演化而來；我們亦有足夠理由相信，對造化的敬畏感，與人類的老祖宗之所以歌唱、詠嘆、寫詩，存有重大的關連。自然力營造的事物，像流水、信風、草花、綠樹、雲雨、霧淞、山系、景觀、動物行為、四季變遷、暗夜星空，以及生命週期的奧祕，賦予人類語言與思想的誕生。爾後依然如此，只不過繁茂逐漸褪色。為此理由，瓦解自然神蹟，沒有不會傷殘人類的智能與心靈。

所謂的聰明才智，已讓我們進一步窄化我們的未來；貧血的利己主義，已叫人步上所有的風險，推向最後的愚蠢

與毀滅。我堅信，成熟智能的必然指標，終將反映在以生界生命為中心的智慧之演化。保育地球上所有的生命，才符合自稱為人種的思惟。

因此，我們的教育必須改弦易轍，必須及時培育真正的智能；今後的教育最好引導學生，如何觀照自身以外的事物，包括集體智能的養成；我們必須發展自然界第一手的知識，好讓良善的智能可資成長；我們要打破當前教育的牢籠、規則、學術的教條、束縛人心的藩籬，讓自然天書，一頁頁在心靈上展讀；我們要鼓吹連結心靈與物質創造的橋樑，將當前文、理學科自由化，活潑地進行橫向思考；我們堅信，Ph. D. 是善念智能的表徵，而非工技機械的冰冷；我們需要延攬各行各業真正智能的人才，走入教育，成為學子的良師益友，以及角色的典範；我們必須引導學生，學習感知自然生命，讓人類的心智重新體會寂靜、謙遜、平寧、整體觀、關聯性、優雅、付出、義務，以及大自然的慰藉，尋回生命的至善與美感。

【後記】1996 年 2 月，我將美國學者 David W. Orr 在 1992 年發表的一篇文章〈論智能的一些思考〉，改寫為本文舊稿。而今，將近 20 年後，不僅沒有「過時」，反而更迫切需要上述五大特徵的生態智能，故而 2014 年 5 月，略加修改一、二細節，成為本稿。

來自母親母土的祝福
——媽媽的祝福

「……生意人最大的特徵就是不斷變化，在合宜的時空，搶得機先，做出正確的改變、選擇與決斷。我爸是生意人，我媽是生意人，我是生意人，1加1沒有理由不等於2(大於2才是正常值)；我很具好奇心，我一直在學習新的東西，我不斷地在挑戰我的極限，就像上禮拜的遊艇展……」怡儒滔滔不絕地流瀉。

在我眼前的她，活似張滿的大弓，目標篤定地射出壯志，事實上，她也早已闊步未來。

「而且，從父母到我，對於經營企業的某些信念、理念，我們都很一致，有堅持的價值觀及方向，態度始終堅定，這有遺傳物質的傳承，也有後天熏習的加成……」三十出頭的年輕人沉穩地敘述。

2014年5月14日我首度訪談蘇怡儒。由於我始終遠離產經企商，一生未曾真正體會商場人生，而且從未聽過這麼赤裸裸的自稱「生意人」，那是一種榮譽、自信，包涵所有人生價值或意義的飽滿圓潤的態勢，令我耳目一新，

林金葉總經理講出了台灣人「生意」的原理或本質，實乃人際的一種良性關係
(2013.2.22；礁溪)。

而不止於年輕的生命力，其背後，必然存有淳厚的內涵。

　　於是，我想訪談孕育她的搖籃、她的母體，臍帶相牽、
血脈相連的原鄉。

　　2014年5月22日，我在高雄市四維三路一號的「柏正
企業」旗艦店，訪談怡儒的母親林金葉總經理。

　　撇開冗長的成長、教育履歷，請容我先摘要訪談背景，
以及林總教育兒女的大原則。

　　蘇董與林總是1980年代白手起家的貿易、代理商，他
們從衛浴磁磚起家，1984年取得第一家名牌在台灣的總
代理。經由10年艱辛歷程，而漸入佳境，且隨同南台經

建成長的潮流，著手專業化的投資，且採取策略聯盟佈局全國，終於成為全亞洲唯一總代理德國頂級衛浴、廚具七大品牌，建立在台灣各大都市的十餘家公司、門市，蔚為台灣頂尖衛廚工藝品的龍頭。

　他們育有2個女兒。大女兒蘇怡儒出生於1982年，她的童年正是家族企業慘淡經營的時期；她的成長，同步於蘇家的崛起、台灣經濟成長的黃金歲月；她畢業於中央大學企管系，之後，前往英國留學，取得市場管理碩士學位；她於2009年回台，先從基層業務員做起，歷經總經理特助，乃至今已創業儔俱，逕自取得意大利名牌在台總代理，且刻正佈局全台及首都，而且，在慎思熟慮之後，

蘇怡儒於2014.5.14的訪談中，談出台灣生意人的圓熟與自信（高雄市）。

基於人生的完整性、特定的承諾，帶著入世付出的美感，她正要從原生家庭，跨入世代的新家庭。

如同出生，婚配也是人生的神聖時空，代表關鍵階段躍進的起跳，也是某種切割。對父母而言，特別是女兒，直是心靈最大的震盪，從來沒有任何詩歌言詞可以道盡；相對的，所謂「待嫁女兒心」何嘗不然。

情字難寫我不寫，深怕褻瀆。當蘇董邀我編著這《女兒書》之際，丟了句：「就當自己的女兒去書寫。」對我而言，無疑地，是個「沉重又甜蜜」的功課。而怡儒質疑我為什麼要接受老爸的「指派」，我只能坦承我的告白，因為我只有一個女兒，年齡與怡儒相差不到半歲，我很「自私」地想要「預習」人生的功課，我遠比蘇董更怯於面對，所以我欣然接受這項溫暖的負擔！

此間，又有什麼比得上「母親」複雜的心情？

與其說我在訪談林總，不如說我在私密地欣賞一部大戲，有點兒類似老電影《屋頂上的提琴手》，我就像該電影中，合著劇情起伏，隨時跳出來獨奏的那位「提琴手」。他非劇中人，卻在銀幕內；他不是布幕，卻是一種氛圍；他不是一個角色，卻是整部戲劇的心情。

然而，我演的是默劇，只是蘇家庭院邊的一株老橡樹。春、夏、秋、冬，聆聽蘇家成員的獨白，分享他們的美麗與哀愁；我也曾經探索蘇家十代在台灣的生根立命，以一部數十萬字的《蘇府王爺》，直揭四百年在台華人史的隱性文化，窺進台灣最深沉的無字天書，了然台灣人格、精

神的底蘊，之如何形塑台灣最美麗的風景。我寫蘇董的這部傳記，勉強通透了自己的根系所來自，貫穿整部台灣史的靈魂。

然而，我書寫《蘇府王爺》最後一章時，心很虛，因為我未能領悟傳統台灣的禪文化，如何無縫接軌國際社會？用白話說，從窮鄉僻壤、鹽鹼土地的新塭草地生活，遞變為如今光鮮亮麗、精品藝術的場域氛圍中，究竟台灣傳統一脈相傳的主體靈性、主體意識在何處？這些抽象的台灣性靈或文化，如何在完全舶來的物質世界中，主導並創發新意境，不斷更新茁壯？

再從另一角度表達我過往的困惑。

移民美國的黃種人的第二代、第三代被戲稱為「香蕉」，因為他們是黃皮膚，但幾近所有的物質生活、思想觀念、舉止行為都是白人化，如同剝皮後的香蕉。那麼，在台灣的許多「上流社會」、「頂級生活」、「完全西化」的台灣人，為什麼不是「香蕉」？只因為我們身處台灣？這問題的答案很簡單，也極度複雜，相當於全球化與本土化或在地化的議題，但台灣歷來的問題，始終出現在從政權外來以降，主流拒絕台灣主體性、強權否定台灣意識的認同之上，包括長久以來的統獨之爭。

這議題太廣泛、太籠統、太幽微、太表象、太抽象、太現實，一直都在流變。

在這裡，我只單純地描述，我從蘇家體悟出來的台灣主體文化，如何開創新局。

2014年5月22日之前，我處於混沌狀態，直到我訪談林總，再到怡儒的傢具店面訪談蘇金玉女士，回來之後，在咀嚼對談、回顧我在上述店面中的場景，突然我豁然開朗，體悟此間奧妙。也終於明白，何以德國工藝大亨來台參觀蘇董、林總的店面時，感動得下跪、流淚，他們感受到了台灣精神精髓，絕非只是物品的擺設與配置。

先從媽媽的話談起。

林總與蘇董婚後第二年怡儒出生。怡儒的命名是從台灣傳統討吉利、排字劃的3個名字中，由林總挑選的，她的用意：比較會唸書，略有男性意味，因為怡儒是老大。其背後，帶有為人父母些微的補償作用、男性沙文，或代替長子的期許。

由於創業維艱，林總帶嬰兒年餘後，便託付奶媽照顧，且在怡儒2歲半，送她到幼稚園，而且是當年最先進的雙語幼稚園，一讀就三年。而進國小後更是刻意找班級、尋覓好師資等等。林總培育怡儒的原則大致如下：

1. 從小養成獨立自主。
2. 培養語文及台風。
3. 多元文化及技藝的學習。

看得出來，正是朝向國際貿易走向的用意。然而，就我接觸的感受，林總最了不起的教育是身教，它也擊發我的領悟。

「從小到大我給怡儒多元化學習的機會，對每樣接觸過的知識、技藝，至少有個本質或特質的掌控。因為具備多

元的能力，才可以應變複雜的挑戰，做為一個母親，**我不是期望她在各項學習上有何特別的成就，我只願當她步入中年而回顧時，瞭解原來她一向或走過多采多姿，如此而已**，她爸則從小常帶她逛書局，找些有意思的書，養成她汲取知識養分的習慣……

「**因為，人的一生，不在於累聚多少資產、金錢，而是心胸、頭腦裝盛多少內涵，以及如何養成耐力與毅力，勇於突破種種困境。**我在公司裡栽培了很多人才，對自己的女兒何嘗不然。**我能給她的最大資產在心智，還有，最最重要的，一種良好的做人、做事的態度，態度影響一生命運。**

「例如她以前常問我，媽媽妳為什麼對客人都不生氣？對那些無理要求、惡言相向的，妳都不生氣？我說妳對客人生氣，客人就跟妳不來電了啦！

「**我永遠強調，做生意不能將利益擺在前面，一旦你有這種想法，客人就感受得到。跟朋友之間的關係也一樣，你只知利用朋友，不懂得尊重、關懷、同理心或設身處地、寬容別人，你就交不到真心的朋友。任何事物，千萬不要二分法……**」

也就是說林總身教的重心在於人與人之間的關係，毫無疑問，所謂「生意」不是交易，不是物質、金錢的交換或各取所需的「人與他」、「人與它」的關係，這也是台灣人特別強調（雖然大家都遺忘此一根本原理）是「生」意，它含有生生不息、生機、生命原力的啟發之意。人際之間，生

意是種藝術，它以活生生的現實事件，顯現人的人生價值觀，反映人的心性或本質；它是任何人磨練人生的活體場域，它是人道主義的試金石。

人的價值觀很大部分存在於人際關係。能夠體諒、寬容別人的人，才可能真正的愛自己、照顧內心之所需，因為一旦起心動念乃至行為，如果有個良善的出發點，這份愛或關懷的力道，一定會回到自己的身心。

林總的話讓我想到德國宗教哲學家馬丁・布伯 (Martin Buber, 1878-1965) 的名著《我與你》、《人與人之間》，一種「關係」的哲學。他強調「價值呈現於關係」。雖然我認為布伯有可能誤解佛教義理及人生實踐，但他強調的「價值哲學」在我看來，實與台灣素人、常民身體力行的禪門「無功用行」一致。

布伯認為愛不是對象的屬性，也不是「我」的情感心緒的流瀉，愛，呈現於「關係」之中，在關係之中呈現了愛的本身，從而「我」與「你」同時昇華或超越，而不再是物化世界、生物本能的交易或資源的攫取。

林總繼續以尋常話說：

「我一生當中遇到無數的貴人（註：林總與蘇董動不動就提到口頭禪的『貴人』），就是因為**我不計較、不去衡量眼前或交易當下的利益**。像昨天，一位 35 年前的客人又來店裡關心我。當初，我們在打拚時這位客人借錢給我。**他看到我現在很替我歡喜。他為什麼始終支持我，他說一句話，因為他看到我，彷彿看見過往的他……」**

林總、蘇董所謂的「貴人」，很大的成分或比例是他們自己心性的呈現。他們在生意的過程中，不自覺地流露傳統台灣人心性的延續、蛻變與反思，明智而虔敬的關懷，不須理論，不必多餘解釋的人倫或人與人的對待之道。

我並不是說他們有什麼超凡入聖，恰好相反，如同絕大多數的你、我，充滿七情六慾、喜怒哀樂與悲歡離合，為諸多小事煩心，甚至也歇斯底里。坦白說，我從林總的眼神，甚至可以看到她童年不怎麼圓滿的記憶、恍惚的光影錯動（雖然她從未跟我提及她的生長過程或曾經的過去），而且，我也可以感受她不見得活得「快樂」，但這是其他複雜的因素。

最有意思的是，她活在強烈的反差之間，一面舐舔著古老的傷口或裂痕，一面實踐著「食苦若食補」的台灣人心靈自療法；她在「生意」的人際關係間，不斷嘗試自我救贖之道，也以她那台灣性格的直接，影響接觸的人們。她具有台灣原文化對美的直覺，更樂意於分享給別人，雖然時而顯得粗糙，適合沉默的時候呱噪，但她的總體行為，不斷地傳遞台灣傳統的德行，以致於對女兒的愛，時而不易捉摸，卻可在女兒怡儒身上，看見一大片的陽光與溫暖。

我不敢寄望有誰看得透澈我的書寫，因為我談到了形而上的某些台灣文化現象，卻也必須等到我三度走進怡儒的店裡，我才充分感受她母親給她的滿滿的慈愛，以及台灣的主體意識。

怡儒傢俱店的空間占有最大的留白，暖調色系加成渲染

或擴大了人性的無限延展。它營造的是：人在時空無依中的子宮似地安穩、踏實、祥和、放鬆、自然與自在。人們到此場域，不自覺地忘卻「商場」，只道是回到人性的原鄉，通體舒暢。那是一種無形的氛圍，遠遠超越形式商業的一種心靈交誼。

蘇董、林總經營的是人體最直接相關的私密用品（衛浴、廚具），女兒開創的正是優雅的身心止息（傢俱），從肉身到心靈，恰好圓熟，且正是來自父母的關愛，世代之間、人際之間種種「關係」的呈現。支撐店面或空間場域的，不是所謂的精品（試問這些昂貴的精品，擺設在擁擠不堪的傳統傢俱店還有什麼價值與價格？），而是傳統台灣禪門文化無可言傳的對待他人的一種關係，一種「自我」的淡化，泯滅了人我分際。

之前我去過柏正旗艦店及怡儒店各兩次，直到5月22日林總的一席話，才教我感悟台灣主體藝術文化渾厚、張力、生命力的敞開，瀰漫在怡儒的世界，而跨越時空。

林總的敘述，必須走進怡儒的店才能體會。

什麼是母親留給子女最大的資產與教育？柏正、楠弘徹底家族式的企業，試圖營造的，恰是台灣土地、台灣人一脈相承的人際關係、人地關係，從后土、世代到世界，接納全球的美麗，自然流露台灣的世界格局，因為鋪陳在店裡的，不只是所有精心調理、安排的器物或場域，更重要的是，所有人員對待所有客人的活體關係或文化生機。

媽媽的話，細膩地呈現在無所不在的人際關係，這正是主體台灣的文化資產之一。

⑮
姑「媽」的愛

怡儒還有一個貼心的「媽媽」。這個「媽」沒有天下母親的威權,而具備所有媽媽的特質、功能與溫馨。她,是姑姑蘇金玉女士。

蘇怡儒小姐(左)與姑媽蘇金玉女士(2014.5.22;高雄市)。

甫一照面，根本是她母親蔡時女士的更新版，祥和、自然、清淨的氣質，同她媽媽如出一轍，這是2014年5月22日蘇金玉女士予我的第一印象。我必須訪談她，因為她是怡儒從小到大，可以全然放鬆託付的心靈避風港，更是慈愛的泉源之一。

「何其幸運地，我有個姑姑，許多時候她代替了父母的角色，她從我小時一直陪我入眠，直到她結婚，即令現在，我們都還住在同一棟大樓。事實上，姑姑並非代替母職，而是姑姑與媽媽銜接得天衣無縫，我爸媽忙碌於創業，姑姑接送我上、下學，打理我的晚餐。姑姑的個性、涵養超棒，視我們姊妹如己出，我許多狀況下，例如某些心理壓力，或想不開的時候，我會找她傾訴、討論，我跟她講什麼比較沒有壓力，她溫柔地傾聽，予我一種出口，抒解了我的心情……」

的確，蘇金玉人如其名，承襲了其母親無以言傳的德行，這完全不用我的讚美，只消稍微瀏覽她的生涯可見一斑：

「1978年我畢業後，6月南下高雄，10月考進資生堂公司，公司派我進駐特約店頭，這一住，迄今第37年，要退休了。連公司都覺得奇怪，怎可能一家店讓妳住了一輩子。全公司大概我是唯一的特例……

「我下來高雄時二哥正要創業，反正我的個性跟二哥、二嫂都合得來，我們就一直都住在一起，我也不知道為什麼我們都住一起，連我結婚也是在二哥住家辦理婚事的，

而二哥、嫂做生意很辛苦，我時間許可就幫忙帶小孩……」

而一談起怡儒，蘇女士的眼神流露出一種欣慰、讚嘆、肯定、憐愛、疼惜等等神韻，直以母親似地口氣娓娓道來：

「怡儒是個很聰明的小孩，從小就蠻獨立的，不必大人煩惱，個性也很好；她的閱歷十足，看過世面，許多觀點跟一般小孩大不同；她，見多識廣、個性獨立、知識淵博，我不知道的問題問她，她都對答如流，我覺得她好厲害喔。她也很會照顧妹妹、照料同伴，而且天生就有一種公義之心……」

姑「媽」心目中的怡儒

「舉些實例如何？」我問。

「怡儒還很小的時候，有次回新塭阿公家。堂哥帶著她及一群小朋友跑去遙遠的海邊玩，大人們找不著小孩而憂心、緊張。後來小朋友們回家了，阿公很生氣，就體罰他認為是帶頭的堂哥。看著被揍的堂哥，怡儒立即挺身向阿公解釋：是小朋友大家一齊要去玩的，不該只處罰堂哥！怡儒從小，大夥兒出去玩等，她會照顧其他小朋友，她一直都有照顧人的特質，也很會照顧妹妹，她們的感情很好。怡儒真好，她在學校跟同學相處也一樣，可能是生長環境的生意場合，造就她人人好，不會刻意去選擇朋友。她較活潑、外向……我們出國等，她一手包辦安排，她幹練，能力很強……

「怡儒重感情，心足軟。小時候她很想要養動物，但二嫂愛乾淨，為維持整潔她不許。怡儒求助於我，我好不容易向朋友要了隻很可愛的 Po-Mei，她高興得不得了，我們一齊去為狗買飼料、配置，花了很多時間打理狗事。每逢下班、下課回來，帶著 Po-Mei 去遛一遛，是段甜美、幸福的時光。然而，Po-Mei 每隔一段時間，會有週期性的換毛，二嫂受不了狗毛的敏感，最後只能割愛送人，怡儒哭得好慘！

「她在台北讀書時，養了一隻波斯貓很漂亮，朝夕相處。後來，她出國時，寄養在朋友處。2 年前那隻貓往生了，她雖然忙得不可開交，卻堅持姊妹連袂去參加貓的『告別式』……她視貓如同家人、朋友。她在台北、在英國時，有些心情故事她會跟我講講電話，我相信，還有些心事，她是講給那隻貓聽……

「她小時候漂亮、可愛，人長得又高挑，跟其他同齡層的小朋友在一起，總是鶴立雞群，加上善於照顧同伴，思想也比一般小孩早熟。大約 6 歲時，我結婚，她『警告』我先生：『你不可以欺負我姑姑喔！你若欺負我姑姑，我會打你喔！』那麼小就懂得要保護我。我們感情很好，她待我如同媽媽……

「我疼她、疼有入心。每逢母親節、過年或節慶。她會為我跟她媽媽一齊慶祝……回想帶她的時光，乃至看見她成熟的現在，很窩心……」

從姑姑口中談出的怡儒，天生就具備一種仗義直言，兼

具慈心、悲心的領袖氣質。於是我轉問「缺點」面向。

「怡儒有很強的辦事能力且才華洋溢，也有她堅持的思考邏輯，有些事堅持得強（ㄐㄧㄤˋ），台語說 Lu-Lu 啦，像她爸爸。她爸就說：『孩子是袜偷生哩！』她跟她爸的感情也很好。」算不上什麼缺點吧！

從台灣近世發展來省視，1970 年代下半葉全國經濟開始好轉，而於 1980 年代進入黃金時代；1990 年代中葉則疲態漸現，千禧年以降已呈衰退，相應的是如今職場新手的困境，乃至不確定的未來。

也就是說，怡儒出生於台灣的金湯匙的一代，人格特質自有社會總體氛圍的加持，所謂時代或社會的優、缺點，必也視個人、家庭而多歧異。然而，優、缺點往往是一體兩面事，助力與阻力大都可互換，一切端視個人智慧的操控。我相信有了好的環境，身心又健康的人，在滿滿的愛心祝福下，很難不能走出一番氣象。

婚姻的叮嚀——「金玉」良言

「從襁褓、茁壯，到今日的意氣風發，一路走來我始終陪伴著她。如今她要結婚了，我心自是萬般不捨，但這是人生中的過程啊，我只有衷心的祝福！

「不管時代如何改變，現世台灣，結婚畢竟不只是兩個人的事，事實上結合的是兩個家庭，以及一個新家庭。即今有程度、等第的差異存在，還是得多方考量，尤其不能再分你家、我家之類的，都是『一個』家！我相信怡儒從

小照顧同伴、同儕，深富同理心的心性，或可面面俱到吧 ?!

蘇金玉女士在蘇董創業第一家店面（即今之寶島鐘錶）前留影 (2014.5.30)。

「我這一代，任何事務，自己傾向於忍耐，稍稍委屈一下，一切風平浪靜。世代容或大有差異，態度還是挺重要的。要做什麼事，多方考量一下，總是比較周全……

「婚後，依台灣人慣習，就是完全長大了，所有事情都得自己面對。未婚時，旁側還有家人、朋友大家都可商量，婚後，我們旁人無法插手、難以置喙啊！

「之前，我曾經以自己婚姻遭遇的種種情況為例，講給怡儒聽，某些事發生了，我先生的反應如何，我的思考、應對如何，而我問怡儒會是如何處置？她的回答，跟我想的『差很大』！這不是是非對錯，也不是一成不變的特定選擇題，但巧心慧命往往可以轉往正向發展……

「婚姻不容易經營，小到生活小細節、微不足道的慣性，在某些狀況下，卻容易變成連鎖反應，徒增沒必要的衝突。不是叫你憋一口氣，而是可以調息、轉念，互相尊重。凡有異議，一定得在合宜的情境下討論、溝通，感覺或氣氛失了調，就不宜相爭……

「我活了一輩子，年歲益增，益加感受到昔日老輩人講的話很具智慧。我不是說經驗就是真理，但累積多世人的經驗智慧，往往直指人性的弱點，愈是咀嚼，愈加甘美！

「聰明是好、是壞，還得看看應時、應景。生活平淡或菜根譚不見得迂腐過時。心的美麗毋寧更重要……」

聆聽著「金玉」的叮嚀，我有些恍惚。回想自己又如何？我所知道的夫妻，通常並非因為他們夠成熟而可以養育下一代，而是莫名其妙有了下一代，透過小孩才不斷地嘗試

錯誤，終於造就了相對成熟的大人（父母）。

我們那個年代裡，太多的「好先生」總是由「好太太」「教育」出來的。

選擇你所愛，愛你所選擇。講得容易，世間幾人做得「完美」？然而，姑姑的話其實已經點出了婚姻的某些本質：

婚姻是一種社會制度，磨練情愛的兩人，以意志及承諾去超越過往的自己。

婚姻絕對不只是感情，而必須是挑戰習性、性格的特定承諾。

所以姑姑很通俗地說：

「公主跟王子都是有稜有角，磨到國王跟王后的階段，沒稜也沒角，一團和氣！」

2014年5月30日我再度南下高雄，叨擾蘇金玉女士載著我，從怡儒的出生地、奶媽家故址、幼稚園、國小、國小對面安親班、國中、蘇董第一家店面等地，巡視、拍攝一番，甚至我南下之前，她逕自去拍攝了怡儒曾經就讀的高中。在她的車裡，她為我準備了一瓶愛玉冰，外加兩包牛蒡蔘。她的細心、為人設想的周延，以及最重要的待人態度，我無話可說。

這位姑「媽」的一句話令人動容：

「除了祝福，還是祝福！無論以後世事滄桑，我永遠護衛著怡儒，這裡永遠為怡儒備有一個溫暖的避風港灣！」

16
花生、甘藷、目孔魚
——阿公阿嬤德性的傳承

　　台灣西部貧瘠土地上生長著兩種奇妙的作物：花生與甘藷；東石、新塭海域則有一種目孔魚。

　　花生具有獨特的習性，它開著美麗的黃花，受孕之後將胚管朝地中釘入，在土中結成果實；甘藷莖葉匍匐蔓延地表，樸實進行光合作用，將營造的養分輸送地下，結成塊塊的地下塊根。它們都在艱困的環境下，將一生奮鬥、經營的成果，默默地隱入地中，傳遞予下個世代，沒有多餘的語言，不必張揚。

　　一部在台華人開拓史，幾乎等同於花生、甘藷在台的生根立命史；台灣文化約略也可說成甘藷、花生史。

　　2014年5月18日，我沿著熟悉的路線，來到新塭的鹽鹹土地，探望蘇董的父母蘇寶慶先生、蔡時女士。2012年1月10日我首度訪談他們以來，多次接觸他們以一生勞苦寫出來的平實語、真實義，但很難以文字敘述，因為他們正是四百年台灣，「不立文字」的居士門禪風所教化出來的子民。他們拜的是「變形觀音」的王爺信仰，陳永

蘇董（左）與父親蘇寶慶先生回到老家　　左起蘇振輝先生、蔡時女士、蘇寶慶
緬懷往日歲月（2012.1.10；新塩）。　　先生（2012.1.10）。

華在媽祖（較早期的變形觀音）被清廷強制納編之後，新創發的，徹底台灣化的神祇。

　　其實，我是藉著怡儒婚事，再度探望蘇董父母。我很清楚，他們講不出什麼「新鮮話」，我只是想一段時間即可看看他們。認識蘇董約17年來，我們完全沒料到我會去撰寫《蘇府王爺》一書，也因此，自從蘇董的另類慈父開證上人往生以後，間接促成近4年來，蘇董與我頻繁的長談，更教我了悟我與蘇董在人生的某些境遇，實在是「異父異母的同卵雙生兄弟」。世事真的難料，套用蘇董的話，人生很奇妙！

　　怡儒阿公、阿嬤家的廳堂牆壁上，懸掛著孫子們醒目的學位照片。我藉請阿嬤、阿公一一介紹每張照片的故事。寶慶先生說：

　　「就我所知，我的祖先從日治時代迄今，在我們原鄉新塩，一向深獲好評，我們不分派系，互相扶持貧困的鄉民。祖先不壞，子孫通常不會出軌，這是一種家庭教育的

延續。怡儒以及所有孫子輩都乖巧，不會惡質，這是蘇家的傳統……」

然後，他細數我已熟悉的父祖代歷史，也略帶榮耀地敘述：

「阮公仔有量，樂善好施……而阮子（蘇董）比歷代祖先更大量，舉凡……他的子女沒理由偏差。我的媳婦們也都很好，二媳性格堅強，對事業認真、打拚，對怡儒性格的養成，當然必可激勵……」

能夠讓寶慶先生講出這些話，已經是我拚命擠壓出來的極限。他們的話，本來就很少。

中午時分，蔡時女士煮了餐家常菜請我，她自己則長年茹素。

餐桌上煎了一隻台灣鯛要我吃，她另從櫃子中，端出一盤上餐剩下的小魚，放在寶慶先生面前。我好奇地問是什麼魚？

寶慶先生解釋：

「這叫目孔魚，只在東石海域才出產，必須用細小孔目的漁網才抓得到，4、50年了，我從來沒在市場上看過，前天恰好買到，特地煎來回味。由於這種小魚細刺很多，都市人沒人要，鄉下人不怕多刺，懂得品味這魚的甜美……」

我挾了一條嚐試，果然細刺繁多。我費了勁，總算感受魚肉的細膩，別具風味的淡淡甘甜。餐後我們聊聊家常話。老習慣，他們堅持要我帶2包剛買來的蚵仔回家。

怡儒印痕中的故鄉在高雄市「五福」、「七賢」、「尚義」、「尚禮」、「民生」、「四維」路上，這些路名，予我一種奇妙的連結，我建議她畫出一張人生第一階段的生涯地圖，因為這張生命軌跡圖，恰可延展到祖父母的原鄉。

　　而怡儒祖先原鄉的目孔魚、花生、甘藷，流動著實在而抽象的精神象徵，甚至是種圖騰。莫忘血脈所來自，艱困中才體悟得出的淡淡幽香。

　　我相信總有一天，或者某種人生境遇下，怡儒必將挑動靈魂中一條無以名狀，悠悠遠遠的深層意識，回到祖先曾經血淚走過的土地上。她會浮現依稀童年，阿公魚塭竹排上的記憶，目睹無限溫暖和煦的落日晚霞，映照在粼粼波光上的人生。

自然哲思
三部曲

故鄉或靈魂原鄉永遠有條隱藏的弦音。

輯一

時勢的春天

2014.3.24 台中反服貿群眾聚集於 KMT 市黨部前。

「今天不站出來，明天站不出來！」
所言不虛（2014.3.24；台中市）。

台中反服貿運動，（前）陳月霞；
（後）楊國禎（2014.3.24）。

「政府的功能並非糾正人民：人民的功能在於導正政府」（2014.3.26；立法院）。

這種海報，中研院不知事後有無收集保存（2014.3.26；立法院外）。

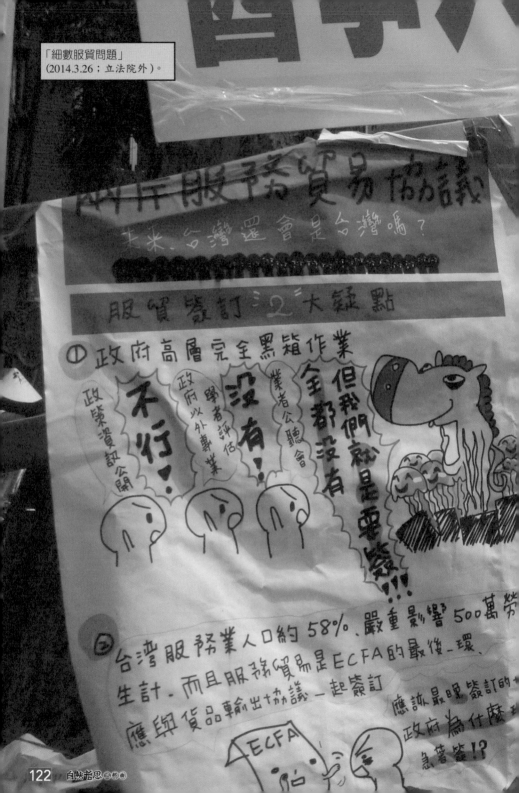

「細數服貿問題」
(2014.3.26；立法院外)。

這就是「民主」(2014.3.26;支持服貿者在立法院前接受訪問):有人估計台灣現今存有30萬個「共匪」,不斷地組織擴大、「為匪宣傳」。

立法院外的學生糾察隊(2014.3.26)。

餐風露宿的反服貿學生
（2014.3.26；立法院外）。

法院外臨時「醫事人員報到處」(2014.3.26)。

2012 年 3 月 11 日我在台中台電前演講反核說:「原諒台電就是虐待自己、危害社會、禍延世代子孫……」(陳玉峯,2014.1,《私房菜》47 頁)2014 年 3 月學運街頭上學生的標語「對獨裁者禮貌,就是對自己殘忍!」(立法院外)

「孩子,謝謝你們,你是我們的希望」
(2014.3.26;立法院外)。

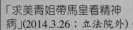

危險勿近

嚴格監督

打破黑箱

說謊

執政

可恥

無需

我們是 99% 的人

勿讓 跨海大集團 犧牲了 勿讓馬匪出賣了!!

精神病

帶驅看

求美青姐

馬英九可恥

反對黑箱

退回服貿

黑箱

「求美青姐帶馬皇看精神病」(2014.3.26；立法院外)。

爸媽你放心,我們很安全

「爸媽你放心,我們很安全」
(2014.3.26；立法院外),真的嗎?

拒馬上的「全民包圍、實質審查、
重啓談判」(2014.3.26;立法院外)。

2014.3.26 下午，學生指著海報：
「請幫忙協尋一名失蹤老人名叫馬英九。」向一位老外解釋原委；同時，也向老外說明為什麼馬英九耳朵長出鹿茸。這一幕我一直觀察，煞是有趣與諷刺。

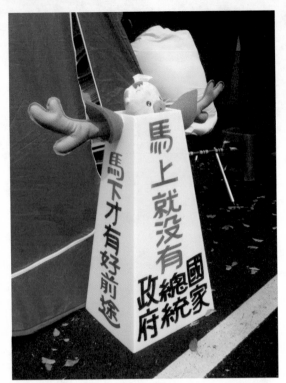

⇧「馬上就沒有國家、總統、政府；馬下才有好前途」
（2014.3.26；立法院外）。

⇧「中國黨、賣台院」還在賣啊！（2014.3.26；立法院外）

拒絕馬鹿茸9趴偽總統
（2014.3.26；立法院外）。

「占領立法院第 8 天」的街頭帳篷族（2014.3.26；立法院外）。

免費借睡袋處（2014.3.26；立法院外）。

「台中鄉民服務台」(2014.3.26；立法院外)：有學生看見我要拍照，急著遮臉。

群眾留言布上的書寫，大抵是鼓勵學生、自我加油及罵馬等(2014.3.26；立法院外)。

輯二、時勢的春天   **135**

自然的思

「服貿協議 ＝ 賣台 ＝ 投降協議」
（2014.3.26；立法院外）。

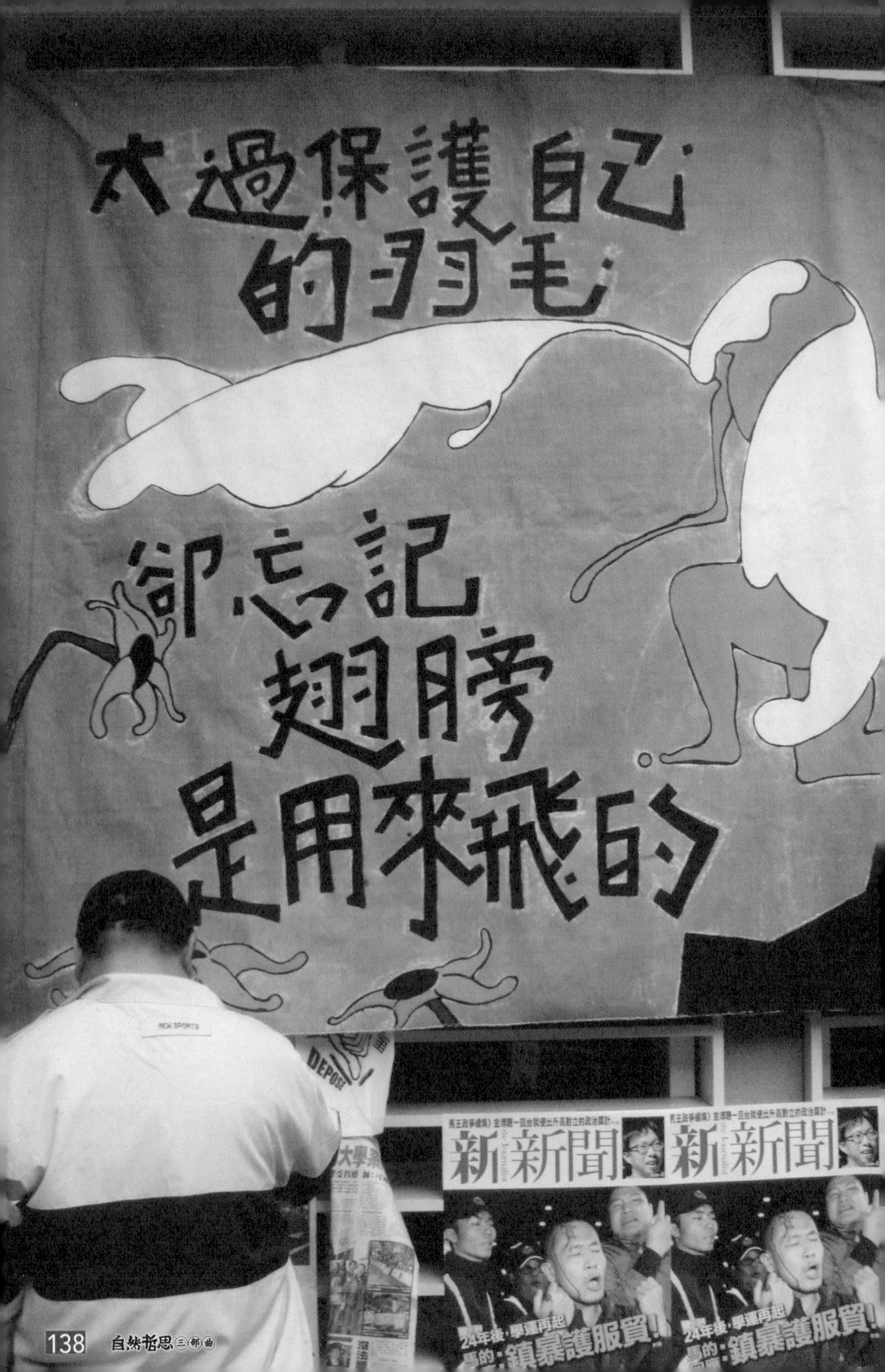

「指鹿為馬，喪權辱國、黑瞎馬」(2014.3.26；立法院外)。

「太過保護自己的羽毛，卻忘記翅膀是用來飛的！」(2014.3.26；立法院外)

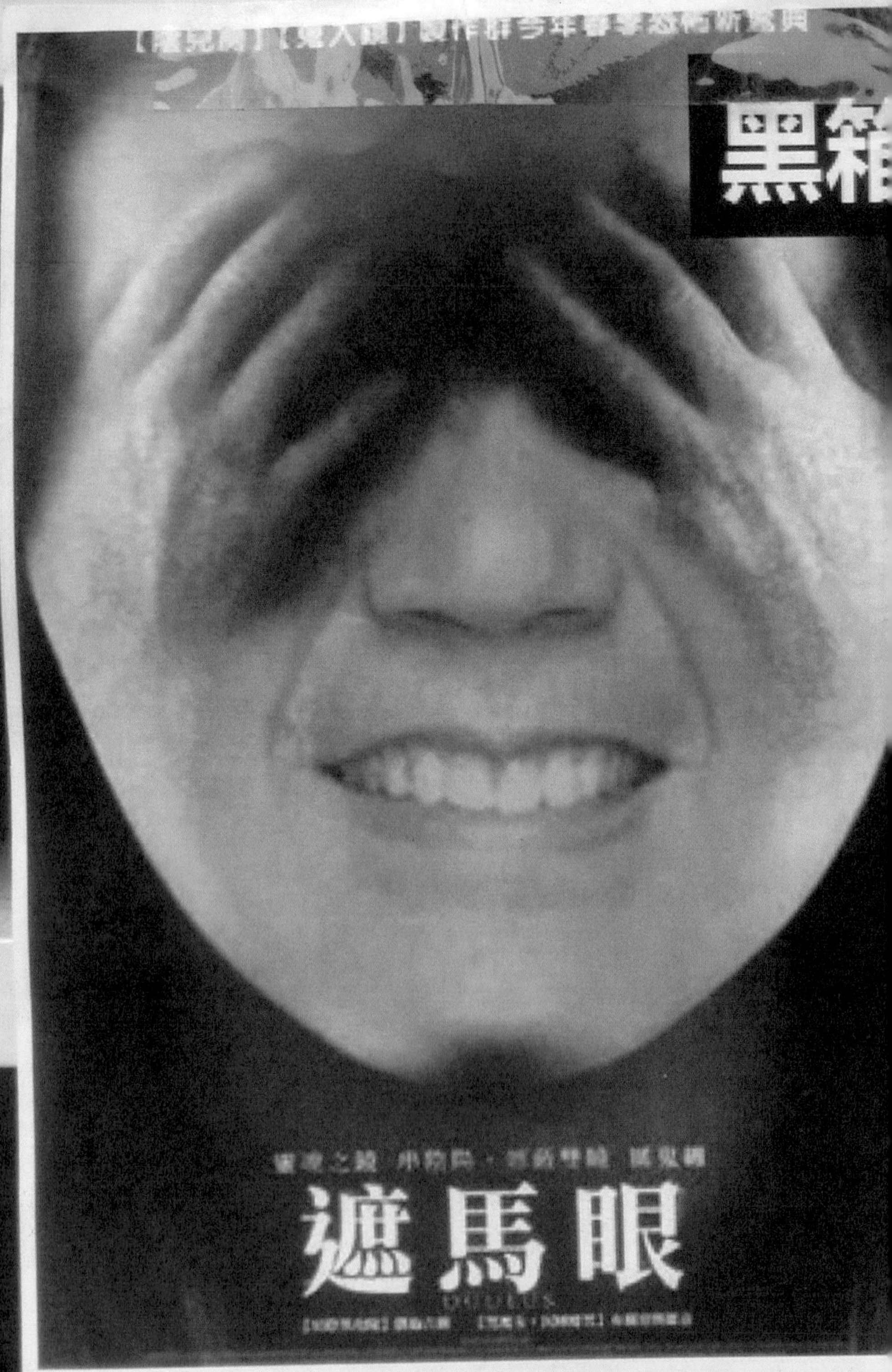

遮馬眼

靈魂之鏡　中陰陽・遮蔽雙眼　凝失網

鬼遮眼
OCULUS

「遮馬眼，鬼遮眼」
(2014.3.26；立法院外)。

「欺騙!!比這張臉醜千萬倍!」
(馬鹿茸)(2014.3.26;立法院外)

服貿

喽一給學生發現
怎麼造假
又被踢爆拆穿了!

「支持太陽花學運,我反對黑箱服貿」;
「阻擋人類前進的是放棄而不是絕望;
促使人類前進的不是希望而是意志」;
「Taiwan ≠ China」(2014.3.26;立法院外)。

萬佛會從來以台灣為主體，抗爭不落人後，是台灣絕無僅有的佛教組織（2014.3.26；立法院外）。

「鎮暴護服貿」（2014.3.26；立法院外）。

自然捕思（三部曲）

「逐一審查服貿條款」;「台灣魂、
台灣血，我愛台灣」;「堅持民主」
(2014.3.26；立法院正門口)。

民眾即席演說（2014.3.26；
立法院外）。

辜寬敏先生會客室內的鄭南榕烈士雕像(2014.3.26)。

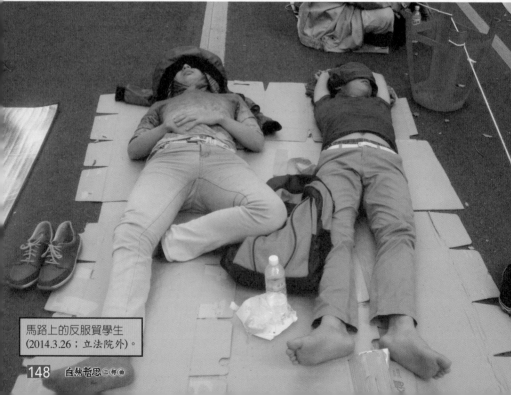

馬路上的反服貿學生
(2014.3.26；立法院外)。

2014.3.26 筆者拜訪
辜寬敏先生(松江路)。

傳媒採訪反服貿學生
(2014.3.26；立法院外)。

「退回服貿」白布條
（2014.3.26；立法院外）。

占領立法院 224 小時
（2014.3.26；立院內）。

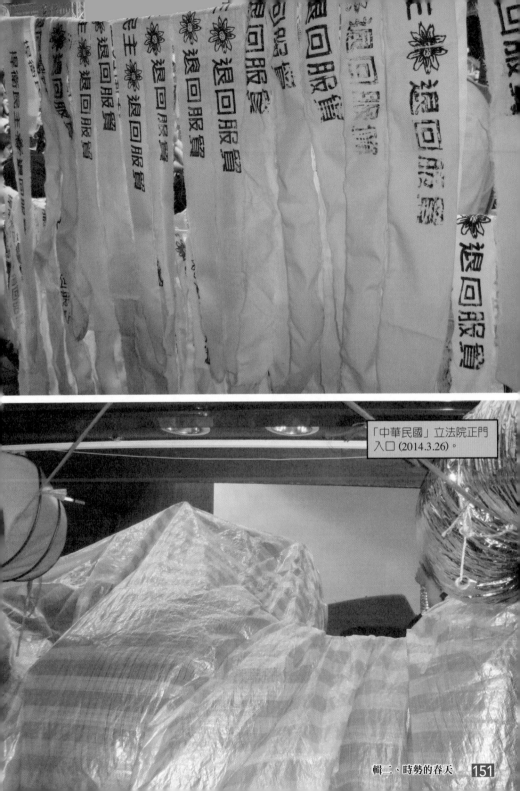

「中華民國」立法院正門入口 (2014.3.26)。

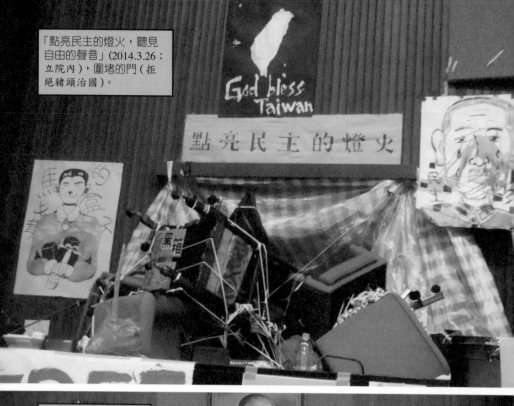

「點亮民主的燈火，聽見自由的聲音」（2014.3.26；立院內），圍堵的門（拒絕豬頭治國）。

議堂正面（2014.3.26；立院內）。

「黨國獨裁，英苣宛在」
（2014.3.26；立院內）。

「青年奪回國會」；分組討論會(2014.3.26；立院內)。

小組會議：背景看板為立委人頭照，標題「完成兩岸協議監督條例：先立法，再審查」（2014.3.26；立院內）。

「民主審議服貿」（2014.3.26；立院內）。

佔領 224 小時

九跪總統威爭
立法院三秒過關

5% President Ma forced
the parliament to pass
Cross-Strait agreement on

媒體區

律師團 (2014.3.26；
立院內)。

王小虎 (左) 與筆者
(2014.3.26；立院內)。

醫護站（2014.3.26；立院內）。

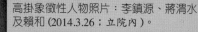

高掛象徵性人物照片：李鎮源、蔣渭水及賴和（2014.3.26；立院內）。

林飛帆（左）與筆者
（2014.3.26；立院內）。

王雲祥（2014.3.26；
立院內）。

陳為廷（右）(2014.
3.26；立院內)。

立法院議事廳的門
(2014.3.26；立院內)。

累壞了的學生及圍堵的
門（2014.3.26；立院內）。

第 8 組物資供應分配
(2014.3.26；立院內)。

堆積如山的民間供應物資
(2014.3.26；立院內)。

鼓舞字條（2014.3.26；
立院內）。

立法院正門口進來的廊道
（2014.3.26；立院內）。

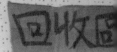回收區

如果你看不清垃圾該丟哪！我就把你塞進去

「如果你看不清垃圾該丟哪！
我就把你塞進去」（回收區）
（2014.3.26；立院內）。

垃圾分類（2014.3.26；
立院內）。

「服貿係三小」(2014.3.26；
立法院外)。

「反服貿創作工坊」(2014. 3.26；立法院外）。

「實踐公民覺醒以創作、思考」
（2014.3.26；立法院外）。

立法院外學生、民眾區
的室外講堂(2014.3.26)。

自己的國家自己救
自己的前途自己定

2014年3月6日我在課堂上談反核，好多位平常柔順沉默的低頭族，出現在3月8日的反核萬人遊行行伍，興奮地跟我打招呼。

3月18日我熬夜趕稿，19日近午接到朋友轉傳來信息：

「陳玉峯老師，我是第一波攻堅進去的，伴著破玻璃，和大家一、二、『薩』的震天口號，我們第一時間攻進去了。這是我一生光榮的時刻。我想，我展現了我想做的：自己的國家自己救！自己的前途自己決定！老師，我沒忘記從您手中接下那瓶沙子的使命。我也拍了一張第42小時的照片。」（梁詠淇）

一生中的光榮時刻。

梁詠淇小姐是第一波攻進立院的學生，之後亦四處宣講反服貿、反核。圖為2014年4月3日她前來台中 KMT 市黨部前的演講。

甫一起床看到這訊息，以及梁詠淇在立法院內的照片，我高興得淚流滿面。我拜託朋友向梁詠淇轉達：「這樣才像個人啊！還有更多、更大的仗要打，千萬要保重啊！到了關鍵時刻，真正得赴死的時候，務必通知我，老的更應該在前面！」

梁詠淇，一個柔弱的小女孩，正在走著掌握自己生命的本質與自救！

讀書窮理、究義所為何來？在適時、適地的關鍵時刻，選擇大公大義、愉悅地完全付出啊！

我將訊息、照片傳給黃文龍醫師。午後，他回傳：

演講後梁詠淇（左）與義工黃勵爵（右）合影（2014.4.3；台中市）。

「哇噻！勇健的青年！家母來電坐不著囉，要求我讓她北上聲援！」

黃醫師的母親，今年88歲的蔡玉珠女士，拙作《台灣素人》(81-115頁)載有她的小傳。她拄著拐杖，也坐輪椅。去年底全國廢核行腳走到高雄，她挺身全程參與；也是她，告訴我台灣再縱容核電下去，就是：「有路沒人走；有茨沒人住！」

我60歲生日時想到：「年輕時有個小小的錯誤，誤以為自己不會年老；有了年歲以後也有個小小錯誤，這顆心還很年輕！」而且，人啊，年紀愈大感情愈豐富，只不過愈來愈沒表達的機會！老年人怎麼死的？「凝」死的啊！

梁詠淇於 2013.10.10 參與廢核行腳。

　　剛寫完1987年10月20日，台灣歷史上首度包圍立法院
的流血事件：後勁反五輕運動的其中一篇稿，2014年3月
18日學生終於攻占立法院！歷史是我，我是歷史；沒有
年歲，只有大我。美美的台灣人，終將走出自己的一片天
地。

⑱
你的鮮血是台灣
最美麗的花朵

林明慧，一個溫和的老師，

血濺滿臉滿身，根本讓人認不出來，

他受採訪時說：「我們坐在地上，警察可以慢慢拉的，

慢慢拉我們就會一個個被拉走但警察不知道在急什麼？

警棍就往我頭上打！」

我們真的很難過與憤怒，

下一個被打的，可能就是你、就是我，

不！事實上，被打的就是你、就是我！！

1980年代的暴政、暴警出籠了！

一些賣國、賣台、奸佞說他們沒有血腥鎮壓，他們使用了較中性的字眼「驅離」，而我的學生林明慧老師手捂著頭額，渾身鮮血的畫面，難道也是江匪口中的「群眾預謀」?!

我要告訴明慧：「你的鮮血，是台灣土地最美麗的花朵；你的行為，是母親母土最榮耀的成果！這世人拚這

林明慧接受民視訪問 (2014.3.30；台中市)。

注，人生沒有白活，因為服貿一過，台灣亡國！與其數十年當賤民，何妨活出台灣人的尊嚴與天責！善自保養，再出發時，就是正義革命的英豪！加油！」

賣國賊說一切都是為了台灣的「經濟」、台灣的「前途」，他們踐踏著青年的鮮血，他們摧殘民主的幼苗，他們混進正義的人群，他們先驅離傳媒，製造黑暗的鐵幕，然後痛下殺手，接著全面抹黑；他們駕輕就熟跨越 2 個世紀的國共「奧步」！

台灣青年的抗暴正要開始！任何台灣人民，懇請大家在任何面向、所有可以著力之處，明暗贊助或挺身於台灣的生死存亡！這是世紀的戰爭；這是世代的希望！

19
時勢的春天

春天到了，滿山遍野的新芽怒放，充滿生機。

春天到了，2014年3月18日台灣民主春芽終於探首陽春，擺脫了數十年的塵埃，昂然解構古老的政治把戲。

「共匪」說的：「為什麼之前18項『條約』都不用審查，服貿就得審？」我們之所以被「黑箱」、被「出賣」，而始終無法建立有效的民主正常監督程序，主要的結構問題在於：究竟台灣是總統制、內閣制，還是模糊的「人治」系統持續在搞鬼？台灣早就該再度修憲，力促第三共和或更佳的體制，在憲政結構議題未能解決之前，在程序正義未能落實之前，沒有任何「審查服貿」的理由！

台灣劃時代的學運絕非要「退場機制」，而是該如何長久持續下去，將這次學運的理想擴大；所有的「大人們」更該考量，如何確保這些學生創造的生機不被扭曲與消費！現今急迫需要無私遠見的非黨無派的人士站出來，由現今立法院的學生們遴選，組成政治改革大團體，襄贊台灣的未來。

自然哲思 三部曲

眼前可以思考的細節隨意列舉如下：

1. 如何將學生超越黨派的國家理想系統建構，持續蔚為釜底抽薪的國家體制、政治改革。

2. 確保這些民主幼苗不被「秋後算帳」，且更能持續其長遠影響。沒有包袱、沒有陋習的青年，才是改革的希望之所在。然而，引信既已點燃之後，如果整個社會「火藥庫」是潮濕的，我擔憂無疾而終。

因此，社會支持及施壓絕對有必要繼續加溫，包括五月抗稅等林林總總戰術，亟須社會大眾拚命提出。

3. 支持這次學運的教授、老師、大學等背後智囊團等，早該挺身而出，擴大社會參與面，避免再度被政客「收

阿里山的日出 (2014.4.18)。

費城的自由鐘 (2010.7；美國行)。

割」，且經學生遴選、議決，會同學生共同處理後續發展，包括「輔佐」國會，朝向修憲等種種可行性發展之。

智囊團或之類的群組必須與學生團體簽署契約，承認學生主控權，但必須承擔政治及法律責任，然後，在學生同意下，進駐國會，襄贊後續，也讓學生可以發展全國各地的發展，一舉打破數十年所謂「藍、綠」的神話！

這是 2014 年 3 月 26 日筆者進入立法院觀察後的膚淺建言，期待大智慧、大勇氣的人士提出實際可行方案，且願承擔之！

⑳
台灣的黎明

　　林明慧老師額頭上的一棍，是馬英九打的；王醫師後腦勺的重重一擊，是習近平劈的！正面與背面，明與暗，想要打垮的是台灣的前途、世代的未來!!這兩年，絕對是21世紀台灣命運的總關鍵。

　　2014年3月30日，我家一半的人口在凱道，一半人口坐守家園觀察。下午4時，我陪同林明慧老師接受民視的採訪。明慧反覆強調，被打的絕非個人，打人的不是個別的員警；他的傷口是台灣觸目驚心的危機，該癒合的是台灣人民的團結並挺身而出；而我們有足夠的理由推測與相信，當局誤判，其下流的「殺雞儆猴」，為的是讓天下父母心，阻止青年兒女力挺公義。江、王當然不用道歉、不必下台，他們還在等待下一波更恐怖的血腥鎮壓！但我們要敬告馬江暴政，你們的代表性已然結束，接下來，無論是第三共和、憲政改革、馬江下台謝罪、國會改選……勢在必行。

　　以下，簡述三要點提供國人參考：

1.馬政權歷來簽訂的假經貿、真政治的「條約」全然傾中。而所謂兩岸，數十年來都是「唯一」的敵國，一千多枚飛彈、各大軍區的武備不斷增強，隨時可以點燃。而中國的先遣部隊，假借經貿、宗教、學術、文化、血緣已進行數十年，且在2013年顛覆社運，2014年全然躍上檯面，服貿正是總代表。服貿假借台灣的自由經濟，遂行兩岸政治的總統一。學運標語之一：「今天不站出來，明天站不出來」，是血淋淋的事實！

2.九趴、十二趴的「偽」總統，憑什麼可以代表國家簽訂條約？「馬鹿茸」口口聲聲為台灣「好」，為台灣「前途」、「錢途」著想的唯一可行辦法就是立即下台！好讓

人類歷史的進程從來沒有直線，2014.3.18之後顯然未能拉高格局。

公民依民主程序修訂根源的憲政議題，確定內閣制或系列程序正義。服貿不退回，則這波學運即平白被犧牲，台灣也相當於全面投降。

3.台灣這兩年是20及21世紀的分水大嶺，代表共產專制與民主自由的大對決。瓦解自由、民主體制的最佳滲透與侵蝕，當然是假借自由與民主；台灣人的抉擇及其結局，必將向全球證明民主制度與人性，禁不禁得起邪靈的總挑戰！

解嚴以降迄今超過四分之一個世紀，台灣民主化或再度走入專制亡國，在此學運及其後續的變化，反服貿只是導火線，而且，三十年「藍綠」的神話已近黃昏，我們期待台灣的新世紀！

輯二、時勢的春天

㉑
十步芳草碧連天

　　日前傳媒記載國家暴力的鐵證又加一樁：哈佛博士、中研院副研究員黃銘崇就在畫面前，被背後伸出的一隻黑手，一秒之間，扯住後衣領、拉進黑衣怪獸群內，且瞬間黑幕無比完美地閉攏，無縫接軌；身穿白灰衣的黃銘崇身軀踉蹌地劃出一個半圓弧，突然消失無蹤，接下來的，任憑觀眾想像。這筆記錄，絕對是經典中的經典，銘記著國共從來如此對待有脊椎的台灣人！

　　然後，電視上介紹黃銘崇的，不是他在研究上的傑出貢獻，而是再度引介2012年7月30日傳媒報導黃銘崇：「挑戰法規，中研院研究員拒上環境課，挨罰」，因為2011年6月開始實施《環境教育法》規定，公務員每年要參加4小時環教，否則將罰機關負責人。而黃認為：「這樣的罰則，像是共產國家才會出現的法律，要罰到你跪下為止；民主國家強迫人民從事特定事情，都必須十分審慎，因為一旦開例，未來可以援例強迫公務員做各種事情。」而中研院6、7千人，只有2人未參加環教。

自然哲思
三部曲

事實上，黃不但不是反環教，他長年關切環境議題，他可以為中研院開授環教課程，他身體力行諸多環保生活，他抗爭的是「法」的瑕疵，是更大的原則問題；他表達了知識分子面對國家軟、硬暴力的不服從，並挺身示警，這正是知識分子的基本風骨。

黃銘崇自掏腰包，將罰款呈給中研院長。2013 年 6 月 27 日，我前往中研院歷史語言研究所講解環教的土地倫理課程，黃全程參與，他跟我說：「我來上你的課，但我還是拒絕在環教時數記錄簿上簽名！」然後，他還請我吃頓晚餐。2013 年 8 月 29 日，他也出現在「廢核四全國接力行腳」的記者會上，侃侃發言（發言者包括王小棣、魏揚等三十多人）。

就在 6 月 27 日（2013 年）同一天，行政院會核定了「海峽兩岸服務貿易協議」（服貿協議），送進立法院「備查」。這項沒評估、不溝通、完全黑箱的滅國計畫，將對中國開放超過千項行業，直接衝擊數百萬人生計的「協議」內容，涵蓋食、衣、住、行、育、樂、生、老、病、死，可以說包括任何台灣人從搖籃到墳墓的全括，更決定了 21 世紀台灣的總命運，當時我在筆記上記下：經濟中國化、人民生活水平一致化、思想同一化、宗教合體化、價值觀齊一化……鄭克塽至少還有澎湖一戰，怎麼演化了 330 年以上，竟然還更倒退！面對如此包山包海、包生包死、包尿片、包靈包肉的滅台計畫，暗忖，必然激起全民反撲，而我非經貿專才，只能靜候其變。

黃銘崇研究員（右）於 2013.6.27 中研院的環境教育課程後，請筆者吃飯。左為
黃文宏先生。

2013.8.29 廢核行腳記者會上，黃銘崇的發言。

然而，在傳媒、有識之士長期的探討之下，資訊還是極端不對等，對龐多的實際內容我一樣一知半解，且直到學運爆發後，我才找來整部「協議」條款逐一細讀。不幸的是，若非業者實務講解，我根本難以洞燭魔鬼密密麻麻的包埋其中，直比《馬關條約》更嚴重，而打死我也不相信連鹿茸常識都徹底無知的馬先生，怎可能瞭解「協議」的內容，而他竟敢三番兩次不斷重申「不簽，對不起台灣人民」這等荒謬的謊話?!

　　天佑台灣，天不絕台灣生機，總算由學生開出光明的第一槍！

　　3月19日中午，我的學生梁詠淇傳來她是第一波攻進立法院的義士，讓我高興得痛哭流涕，趕緊回傳她：「這樣才像個人啊！……」隨即寫了篇短文，鋪在部落格上，隨後幾天，又陸續接到學生們來信的分享與鼓勵！

　　吳星儀來信說：「我是學生吳星儀，記得之前有跟您說，革命時我必衝在前線，這次革命第一天，我就在立院裡過夜，第三天也是……自第一天起到暴警那天都在現場（暴警那天我沒事，但很多朋友被打，大家都是在前線衝的……）

　　「見證進行式的歷史，讓我超爽快！看見愈來愈多的台灣人總算醒了，心中更只有高潮！

　　「我當初上課沒拿那瓶沙，是因為我心中早有一瓶沙。寄此信，願與您分心中之暢快！……」

　　而3月23日吳顯堂寫封信「慰問」我，題目是：「老師請您一定要繼續努力啊!!加油!!」內文登錄如下：

「親愛的玉峰老師

在去年山林書院的課程，我也從您的手中拿了一瓶沙。

事後我拿著一個紅包袋，請您寫下一句有力量的話給我當作惕勵。

當時您寫上『有力量的話，來自純淨的心，任何人都具備！』

在這次的活動當中，第一天進入立法院後，由於學校還是有課要上，所以我選擇在人最少的時候（約凌晨一點～早上六點）加入隊伍到處遊走，以攝影及寫下現場的小故事的紀錄方式跟大家做分享。讓大家知道我們的訴求與反抗主流媒體的刻意抹黑。

寫這封信的動機是看到您在山林書院的部落格中提到一位學生寫信給您，也讓我動了想寫信給您的念頭。我覺得參加山林書院的那段時間，有機會讓您帶我們看見台灣的過去到現在，對我來說是極具意義與感動的。

老師請您不要放棄，老師請您繼續努力。

因為還有更多的人等著並期待著與您相遇。

若老師您累了，需要休息了，

我們也會撐著，接棒繼續走下去!!

感謝您～老師加油!!

顯堂敬上

以下為我的記錄，給您過目。」

顯堂檢附的4則記錄，係以報導文學的詠嘆方式，配合系列照片為見證，也是自己跟自己的對話或獨白，值得未

至現場的人參考，更可讓國人瞭解這些「暴民」的心聲！

不料，當夜就爆發了行政院事件，意外的是，竟然有那麼高比例被打的人是我的學生、朋友！

林明慧鮮血淋漓的照片出現在報紙頭版時，我嚇一跳，這麼溫文儒雅的老師掛彩了！隨後收到他傳來「無大礙」的訊息。

接著得知吳顯堂的遭遇，他在臉書鋪文，記載了行政院外的一景：

「……我把雙手舉高，告訴警察我們沒有武器，請不要用木棍對付我們。

「有人被木棍圍著打，我也看見有些看起來並非一般學生的人，打了警察便往後跑，最可怕的是他帶著笑，在這種場合笑得出來？這時我想到這段時間都在外場鬧事的黑道份子……

「我與身邊的朋友們身體撞上了盾牌，我一樣高舉著雙手告訴警察，我們沒有武器，請不要傷害每個人。當時，在我身邊的人一起舉起雙手，為的是不讓警察再往行政院的方向移動。

「我們坐下，手勾著手。希望警察能停下腳步。

「第二波，警察拿盾牌繼續往前推，我們大喊著不要傷害人民，不要傷害人民……然後，全身黑衣的鎮暴警察就出動了……

「當時，我的恐懼到了極點，我只能閉上雙眼嘶吼著：『人民不要傷害人民，警察不要傷害我們。』

「接著，棍子，盾牌，被拖，被腳踢，被甩在空中後摔落，被拍臉要我自己走出去，但當時我頭暈，手腳不聽使喚……褲子被扯開，內褲也被扯落一半，警察要我自己穿上……」

梁詠淇也來信告知，她原本在行政院內，卻因不放心後方正被暴警痛打的朋友，衝出來找人，卻意外地免於被施暴的插曲。

3月24日我耐不住了，前往台中 KMT 黨部抗議、演說；3月26日至立法院內、外，觀察、思考著種種可能性的未來。3月28日，我回老家，前往父、母墳頭祭拜，也向祖宗神主牌禱祝，而內心一直思索著是否時刻已到？我該如何出手？近幾個月來，我一直在參悟著屬靈意識的究竟之道，而眼前的妄相、業報輪迴如何能解？軀殼僅只一具，要使用在何等關頭？

我完全了知波瀾壯闊的不只是50萬黑衫軍走向街頭，而是超過千萬的草根何時怒吼，相對的，黑暗勢力迄今完全潛伏，敵暗我明，他們正在進行何等的詭計與密謀？當絕大部分的人民關注著影像、幕前，我最大的擔憂在於隱匿的黑幕啊！當黑、白當局鋪陳黑箱當中的黑箱之際，台灣大智、大慧、大勇、大仁的中堅、菁英們早該儘速籌謀百年大計矣！

相信學生、朋友們與我，必會搭出碧連天際的草皮，等著從我們身上踏踩過去的台灣菁英們，締造子孫的未來！

有沒有新的撞球規則
——學運如何轉進？

　　1985年世界業餘撞球錦標賽在德里開幕，已故的印度總理拉傑・甘地 (Rajiv Gandhi) 致辭說：「撞球是用一個球去撞擊另一球，政治有時也是如此。撞球時使出幾分力必須十分小心，務必恰到好處，過與不及都不行，而且，要撞得很準確，剛好打在最適切的位置上。當然，球一落袋，你還得將它取出來，放回球桌上……」我擅自補上：「除非到了清場時段，打落袋就不必撿起來，問題是，下一場賽局，所有的球還得擺在檯面上！」

　　當學運、社運直接卯上政治；當相對最是清純的學生，對上幾千年汙穢的醬缸，百年難得一見的契機，如何轉進、開創久遠的新局？能否締造新的賽球規則？研究了數千年的政治學（傳統西方哲學五大領域之一，探討何謂理想社會組織的學問），就是要回答台灣時下的議題。

　　請容門外漢簡述推演如下。

　　一、2014.3.18當學生一開始以「準革命」、「暴力」的方式「占領」國會，乃至後來不斷強調非暴力、行使不服

政治像撞球檯？台灣能否突破舊窠臼？圖為王小棣導演與筆者迄今唯一一次打彈子 (2009.9.21；台北市)。

從主義，抗拒當今憲法的缺陷，本質上就是憲政改革的議題。學運既非進行「革命」，而要以理性、和平、體制方式收尾並再出發，務必得訴諸憲政改革，否則，學生如何「脫困」，只掌握在「獨夫」手中。

講白話，在過半民意賦予社會正當性的占領國會，如果馬政權的政治考量還是視學生為「非法」，甚或「奪權者」，而不讓學生「正式」成為民主憲政改革的「推手」，最可能的結果是導致台灣重大的悲劇，學生無法「脫困」，或將被「刑法」咬上！

筆者三度(先前已行文兩篇提醒)懇請社會賢達出面「承擔」！

二、最簡單卻可能最「難」的處理方式是：由馬先生倡議「公民憲政會議」（服貿暫且擱置），由總統提名學生代表參與，一舉解決根本問題。因為這次學運的病根，馬先生的責任占據一半以上。如果馬先生執意不肯，則學生團體最好立即關閉與總統對口，改向立法院長訴求。（期盼學生團體具備大智大慧大氣度）

此時，立法院長合情、合理、合法承擔政治及法律責任，接下來，必然有許多正面的政治力挹注，好讓院長及學生進行技術性議題的轉進，則國家、社會之福可期。

三、技術性議題隨意舉例：立法院長裁決學生團體或代表為「準委員」，開闢一間大會議室提供學生使用，食、宿、空調等完備，學生、公民團體參與立院任何會議、審查，但無表決權，而最最重要的是：立院開會全程公開透明，讓國人看見任何委員的發言，以及議事過程。

在此一過程中，同時進行「朝野協商」，朝向修憲等「公民憲政會議」轉進。

如此，馬先生不必「讓步」，也有台階好下；國會議長扛下體制責任，解決台灣困境；學生堅持理想，不斷作各面向的拓展與發揮；全國各行各業有識之士傾力襄贊各專業專技等，則台灣新局可期！

23

中國石虎、中國黃鼠狼、中國長鬃山羊

馬英九的「文化政策」包括設立了「台灣書院」，於 2011 年在紐約掛牌運作，它強調以數位資訊整合平台服務全球網路。任何人點進該站，循著網站地圖、文化地圖，到國立自然科學博物館，便可搜尋台灣的動植物等等。

然而，當你搜尋到例如說「石虎」，跑出來的文圖介紹，你赫然發現它臚列的「採集地中文名」，竟然是：「中國台灣省台中縣后里鄉山區樹林產」！

科博館長年供世人參觀的資訊，諸如此類的，隨意臚列如下：(採集地)

1. 金芒管鼻蝠：中國台灣省南投縣仁愛鄉翠峰
2. 黃鼠狼：中國台灣省宜蘭縣南澳古魯林道
3. 錢鼠：中國福建省金門縣金湖鄉金湖農試所
4. 水鼩：中國台灣省南投縣仁愛鄉南豐村仁愛橋附近眉　溪
5. 雲豹：中國不詳不詳

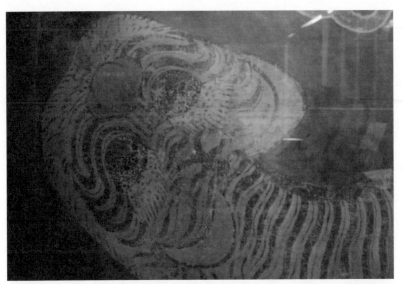

中國意識染指下，註定是扭曲的台灣魂！圖為 1895 年曇花一現的「台灣民主國黃虎旗」局部，該旗背後另有隱藏圖 (2014.4.18；台南市國立台灣文學館展示圖翻拍)。

台灣食物鏈最高層級的台灣雲豹生死未卜，政客不去關心，卻在小動作大搞投降主義、自甘下流，波及不講人話的野生動物(2009；嘉義公園內的台灣雲豹塑像)。

6.長鬃山羊：中國台灣省花蓮縣秀林鄉迴頭彎

……等等。令人不解的是，殆自1980年代以降，台灣深山窮鄉僻壤各行政區，早已被中華民國政府機關（構）悄悄改隸中國，連野生動物皆已投降中國，自動改隸籍貫！馬先生行銷全球的「台灣書院」更明目張膽地直接引用，向全球宣稱台灣早已「回歸」？

當然，你可以狡辯、瞎掰說是打字、排版誤植之所致，然而，就連真的是排版錯誤的山羌，一樣堅持「中國」所產，只不過漏打了一個「中」字及「國」字：

山羌，採集地中文名：「太魯閣國台灣省花蓮縣家公園多加屯」！原「正確文」「當然」是：「中國台灣省花蓮縣太魯閣國家公園多加屯」！

統戰搞到這等地步，吃定野生動物不會講話，屍骨讓你做成標本，籍貫居家地址還讓你出賣？再怎麼惡質也不必延及動、植物、無生界啊！這種「筆誤」若發生在1980年代或之前，科博館相關人員恐得「株連九族」；而在現今「民主時代」，沒品失格的馬先生不該出來道歉嗎？難道要「簽呈」中國才能「辦案」嗎？

明朝末年，鄭氏王朝在台灣立足，1683年，滿清以鄭氏叛徒施琅攻下台灣，該年台灣平地降霜雪，來台的滿清官僚說：台灣改隸，連氣候都變成中國化、溫帶化；滿清腐敗，將台灣當遮羞布，割讓給日帝，日本人在台灣開啟現代化博物學的調查研究，雖然部分的日本學者宣稱，台灣植物跟日本最接近，畢竟日本人在台灣發現的活化石物

種台灣杉，還能尊重性地，以台灣命名為屬名 Taiwania，而獨步全球；KMT 盤據台灣之後，部分「學者」改口台灣植物跟中國最接近，而中國「學者」後來在雲南發現台灣杉，竟然不遵守國際命名法規，擅自將台灣杉改名為禿杉，偷偷幹掉台灣之名，部分的台灣人竟也跟著背離自己的故鄉，跟著使用。如今，馬「政權」直接將台灣的野生動物祖宗萬代一併出賣，台灣山川生靈鬼神也該全面挺身抗暴矣！

2014全國NGOs環境會議
暨民間環保國是會議
〔會議手冊代序〕

當環團開始行禮如儀辦活動，且從來消極、後手處理黨國、資本主義製造罪惡的抗爭之際，而走上表面化的「協調公聽」的窠臼時，本質、精神與實質行動殆已走進「老賊」行列，或如同絕大多數台灣立案的「公益組織」七萬多個，「做好事、存好心」，或說「有良心地做錯事；善意地做壞事」，如果他們不尋求結構、根源、因果的改變的話；也如同麻醉舊時代貧苦弱勢廣大同胞，坐收十方善款的所謂宗教鉅大山頭，事實上大抵是專制強權的打手與走狗！

千禧年前後，我目睹老輩環運人士，包括我的老師們的行徑，也反思自己對待學生、下輩人的行為，清楚我該轉進，因而2006年淡出所謂的「名嘴」、第一線，且在2007年下半葉辭離教職，潛心另一大區塊——宗教哲學的學習、勘旅，更在2014年元旦，斷然決定不再主動連繫自己所培育出的壯年世代，因為一旦追求理想、浪漫開始打折扣，或太聰明、太世故地去追求名利之際，我只能

遠遠地祝福。

2007年我決定辭職後，給自己一生的總評：一無是處，面目可憎，一肚子不合時宜。因為我受不了掌握了一點點資源，或所謂名位，就開始墮落、老化，我寧可「自我放逐」，也不必隨波逐流。

到了2013年，目睹若干宗教、環運人士的淪落已屆不堪的地步，不僅倒向各現實山頭，更搭上促統行列，坦白說，我很沒「修養」地憤怒與不屑；又看到爛政權圈養的環保署長、國科會主委等等「貴族」，不斷重複製造橫行半個世紀的謊言「環保與經濟的衝突」，而從來昧著良知，不斷賺進骯髒錢的資本惡棍加以推波助瀾，且馬鹿茸偽總統全面將國土開發大開放、環保或保育法規大鬆綁之際，我一直在思考包括恐怖主義的行徑是該進行矣！

另一方面，2014年3月18日學運起義，打進立法院，當我的更年輕的學生自立院傳來訊息時，我高興得淚流滿面，我回給她的第一句話：「這樣才像個人！」台灣數十年的變遷，總算出現了真正改造的契機了！事實上諸如黑島青等學運團體，殆是發源於法國大革命以降的人類思潮，到了後現代以降，更蛻變為檢討現代代議民主制度的，各國的反思新力量。以日本而言，這類的年輕人後來的轉向大致有三大類：其一，被延攬入閣或從政，如同台灣在20世紀的環運人士被「招安」；其二，轉變成「赤軍連」，堅持劇烈的抗爭與組織；其三，走向廣義宗教或人道主義之「無國界醫療服務」，或選擇自力更生、自我放

觀音殿大警語！

自然哲思
三部曲

逐的反社會、無政府主義。

　　而該反省的是，大約30年的環境運動，試問新血輪、新世代何在？原本環運人士本來就是走在時代前端，為何到了21世紀卻是有氣無力、自我設限？多只在「體制內」徘徊、消極因應？已經將近淪為「老賊」的筆者，毋寧選擇「犯眾怒」，也不需要唯唯諾諾講些言不及義的應景話。

　　值此環團年度盛會之際，主辦單位執事邀請筆者寫篇序文，我以當「老賊」為恥，但30年我們沒能解決的價值觀改變的議題，我還是得舊話重提：**KMT政權製造了半個世紀「環保與經濟的衝突」的鬼話，基本上是建立在台灣不是家的反認同情結之上！從經濟學、生態學原理出發，環保與經濟本來就是「一家」，一體兩面的同一件**

事，是資本家、特權者賺多少的問題，是這代人與世代子孫權益的分配問題，是欲望與良知比例原則的問題，從來不是環保與經濟存有衝突的問題。對一個從來不是問題的假問題不斷渲染、加工加料，只是邪魔為維持自身利益的汙穢與造謠。

「若不回頭誰為你救苦救難；」

「如能轉念何須我大慈大悲！」

全世界哪一家工廠純粹是因做環保而倒閉、關廠？拚命要求謀求環保與經濟「兼顧」、「找尋平衡點」、「如何兩全」的研究、規劃，都是「精緻的愚蠢」、「假面善、底層惡」、「背德者的走狗」！環保本來就是經濟發展的基礎，基本成本之一，念頭一轉，邪見與無謂無明立消，19、20世紀資本主義、帝國主義的惡業未消除，21世紀還加碼，整個地球生界怎可能有光明、健康的未來?!

　　20多年前我罵特權「台灣人」投資1塊錢，想賺進1千元、1萬元、數十百萬元，只賺幾成、幾趴就算「划不來」，當時正是產業東移、南進、西進的時代，如今呢?!台灣進步了？哪一件汙染事件釜底抽薪、徹底解決？當今全國各式各樣海洋放流水，才是我最最擔憂的問題之一，打死我也不可能相信台灣的海洋放流水，而國土保安、核電及核廢議題，幾個老舊單位如林務局、林試所、水土保持機構、台電、原委會等等，早該裁撤、重組，我們卻聽任腐爛政客、公職繼續包庇、政策綁樁、買票。凡此，族繁不及備載。

　　我肯定、感恩環保界人士歷來所有的努力與付出，而面對體制之惡以及人性弱點，自己亦長年內疚，且始終在人才培育打拚。往後幾年，如果我再不能喚醒更多年輕世代扭轉世紀之惡，我將選擇自殺謝罪。當然，我必須有舞台可以發揮啊！

　　不敢寄語、期待別人，但願環保界仁人志士大家互勉，再加把勁吧！祝福大家！

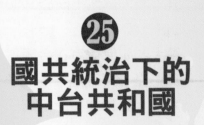

㉕
國共統治下的
中台共和國

楚漢相爭到了關鍵時刻,韓信的謀士蒯通向他警告:「狡兔死而走狗烹,飛鳥盡而良弓藏。」白話直說,項羽一死,你韓信還活得了嗎?韓信不聽,果然被劉邦害死了。

1980、1990年代,我常講此故事來奉勸赴中媚共的「台奸」:台灣不在了,走狗就得下火鍋。

2、30年後,中國內部也有了異曲同工的妙論:中國千萬不要吃掉台灣啊!留著現狀台灣,中共還可以用來詐騙中國人,一旦取下台灣之後,中共必亂亡。

多年來「馬降主義」遠比鄭克塽、劉國軒、馮錫范無恥多了。在國共聯手之下,台灣中國化進行得鋪天蓋地、無孔不入。鉅大的不消說,傳媒的全面投共、「為匪宣傳」,從粗魯的到細膩的,從古裝到近代、現代劇,都已「返鄉、回家」!過往什麼「委員」拿了中共1億元,回台競選連任成功,早已「天經地義」,如今,數不清的大小「匪諜」,從都會到窮鄉僻壤,都有人「蹲點」、汲汲經營,

他們都不欠缺經濟來源，截然不同於1980年代以降出生的，台灣年輕人的價值觀。

我不確定某台獨大老如何估算在台匪諜、共幹約有30萬人，但2013年顯然是台灣社運界的豬羊變色里程碑，傳媒特別讚譽、力捧、鼓舞有加。千萬不要以為標榜本土派傳媒「沒問題」，它們的「問題」才夠震撼！它們的「工藝」巧奪天工，徹底讓真正的本土意識消聲匿跡，「半忠奸仔」的投機分子滿街橫行。地球生界的演變多循漸進式，罕見有現象像台灣社運、弱勢運動的一夕傾巢列隊而出，台灣2013年的「大操兵」內幕，我認為主管當局如國安等單位最清楚！令人不禁懷疑，沒有霸權馬、中的支持，怎可能晴天霹靂，瞬間改寫常態?!

利用台灣形式上的「自由、民主」入據台灣，表面上易如反掌；利用人性弱點顛覆台灣更是司空見慣，「台灣終究會回歸中國，你好好蹲點，將來統一後，你手中的富貴

自然哲思
三部曲

中南部某家專賣「426」的商店製作馬鹿茸木板，
招攬所謂的「陸客」(2014.4.18)。

馬木板背後 (2014.4.18)。

兩蔣時代「毋忘在莒」(2012.10.15；澎湖媽宮)；如今賣台失心瘋！

澎湖媽宮的「施公祠」正門對聯「施門心路史家論；公廟威儀菊島瞻」(2012.10.15)，乃迄今為止，筆者見過唯一有雜音的對聯。

「施公祠」施琅神像後上方設有媽祖神像，道盡史實的諷刺。中國明末，反清的代表神明即媽祖，鄭成功的叛將反過來以媽祖滅鄭！今又如何？!(2012.10.15；澎湖媽宮)

保身符、優待券，包管你吃香喝辣！」大量牆頭草吃定兩岸，何樂不為？

　　然而，真的嗎？歷史是這樣寫出來的嗎？

　　試看20世紀西方世界，左派或共產黨打進美、英等國

近年來連牛肉場主持人、民間老鼠會賣牙膏等等，都在搞統戰、「為匪宣傳」。

「三民主義完成統一中國？」誰統誰？(2013.6.23；台中茄冬公旁巷)

度的成效如何？西方堅實的民主涵養，不可能讓共產專制輕易著床，因為欠缺其足夠的養分條件，但我仍期待左派得以演化出足以力矯資本主義之惡。任何知識分子，大多具備純真的左派思惟，但左派截然不同於中共專制政體。

中國共黨（非純左派）切入台灣做鬥爭、運動，顯然遠比在西方容易太多了。因為，台灣擁有千年專制皇權的宗教文化及價值觀，更有 KMT 超過一甲子的腐蝕性教化，它以涉世未深的無知世代為對象，同時，癱瘓保守右派及本土草根意識的聲音，簡言之，馬統二任已建立全面赤化的

「自由」，台灣已然成為表象移植的自由、民主制度，在全球赤化實驗地的赤裸裸活祭品。

此間，最大問題之一，在於阿扁政權8年內欠缺實施轉型正義之所致，導致長年的細胞、數不清的毒瘤，始終宿存高位，且近年來如魚得水、無任擴大。

台灣人將怎麼死的都不明白？那倒也未必！

請檢視如袁紅冰先生的警世力作，為何在台灣始終得不到台灣人普遍的青睞？真的只是國共連鎖打壓嗎？我不以為然，更深沉的原因在於台灣的草根自覺文化，以及一甲子的移植式「自由、民主」！生活方式、意識型態底層的價值或人生觀，才是真實的免疫系統。

當年的反共人士死不瞑目？1956年9月設立的「一江山陣亡將士紀念碑」(2010.10.28；嘉義公園)。

筆者女兒在美國讀書期間，同學中有位「中國仔」跟她要好，兩人的思惟天差地別。有次兩人為小事吵架，中國仔罵她：「妳怎麼這麼欠缺警覺心，妳怎可被西方資本主義毒化？」女兒反問為什麼？中國仔大叫：「妳不知道到處都是敵人嗎？」女兒一頭霧水地環顧左右：「敵人？敵人在哪裡？」

夕照背景下的中華民國國旗。正在捲旗的這二位憲兵背對背，誰放手？誰回頭？誰要這面旗？只要「共匪」來到台灣，這面旗「必須」掩蓋、偷偷摸摸藏匿！（2013.5.31；中正廟）

　　我太太始終不肯應友人之邀旅遊中國，原因是她只想前往文化、現象差異較大的國度，那樣「才有旅遊感」。我勸她可以去中國，因為中國與台灣的文化相差十萬八千里啊！

　　從思想、文化意識及生活方式考量，我對台灣人充滿信心，然而，這等主體優勢在國共聯手之下，已然大變。如今，台灣已進入「民主共產黨統治下的中台共和國」，台灣人再不覺醒且全力反擊，不出數年，歷史恐將改寫矣！

　　而多如牛毛的台灣「異象」，只有經由傳媒操控、炒作的選擇性項目方成為「問題」，這就是當今台灣最嚴重的問題之一。

廢四核、清核廢
——民國廢核元年（二）

陳玉峰教授談
「由世代正義談反核」

廢四核行腳隊 2013.10.27 於
屏東市慈鳳宮前廣場的晚會。

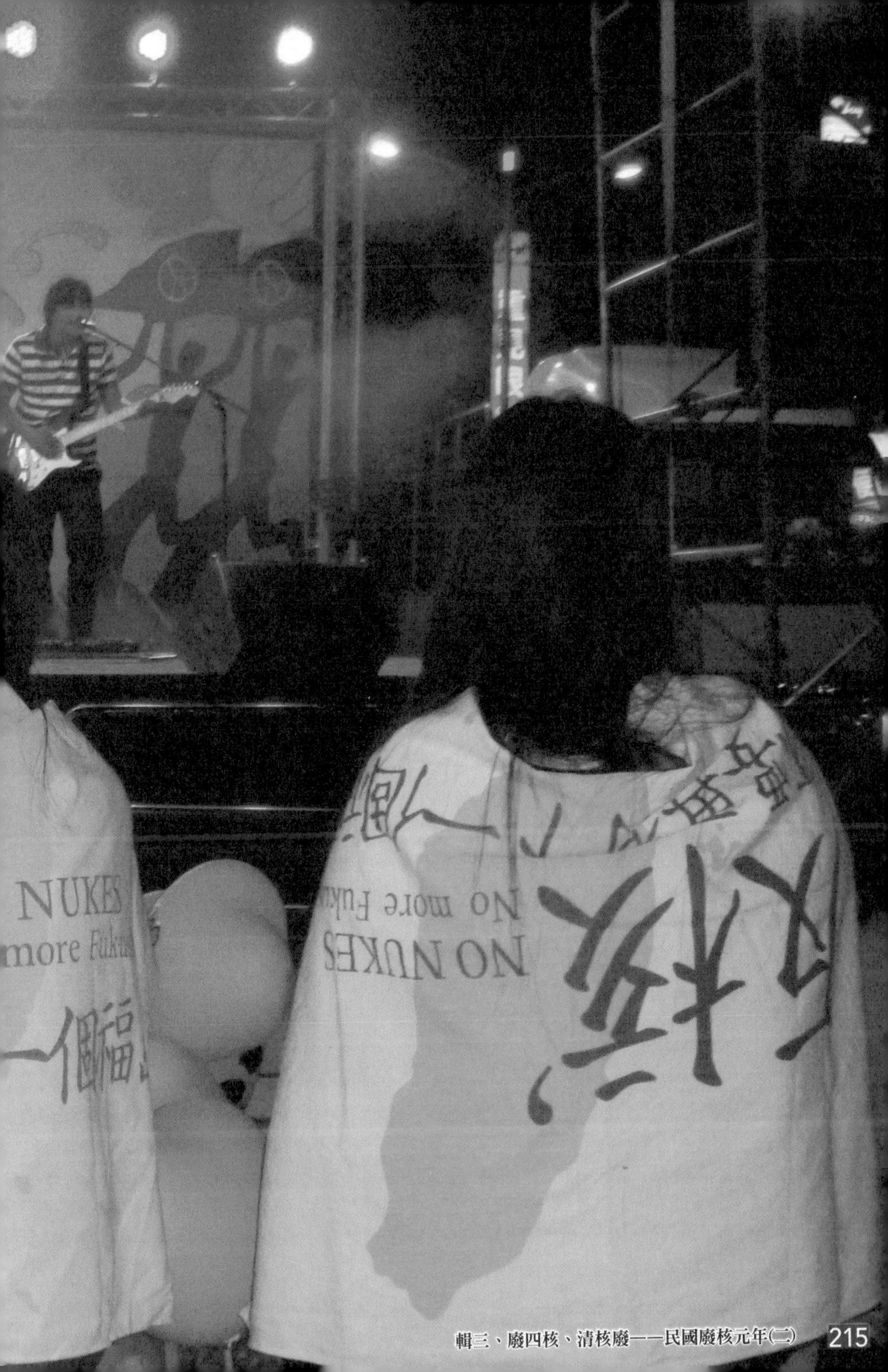
NUKES
NO NUKES

2013年筆者反核運動的核心議
題旨在喚醒「世代正義」
(2013.10.27；屏東市慈鳳宮前)。

聲援廢核行腳的黃武雄教授(左)與筆者
合影(2013.11.2；高雄市文化中心前廣場)。

廢四核行腳隊 2013.11.2 於高雄市文化中心前廣場的晚會。

廢核行腳 2013.11.4 於後勁。

後勁基金會接待廢核行腳團的座談會
(2013.11.4；後勁活動中心)。

廢核行腳團 2013.11.12
於嘉義城隍廟前。

北港媽祖廟口的廢核活動
(2013.11.19)。

2013.11.12 廢核晚會
（嘉義城隍廟）。

2013.11.19 於雲林麥寮
拱範宮前的反核活動。

環球科技大學
TransWorld University

核能廢料
遺害萬年

核核

敬邀 陳玉峰教授 談

「由世代正義談反核」

日期：2013年11月21日（四）

時間：上午10:00-12:00

地點：創意樓地下室1樓DCB02會議室

報名截止日：2013年11月19日（二）

報名網址：http://board.twu.edu.tw/course/list_detail.php?d=1210

主辦單位：學術發展研究室　協辦單位：觀光與生態旅遊學系　聯絡電話：05-53/0988卷2330

雲林鄉親林振武先生（右）熱
情招待廢核團（2013.11.21；
雲林太子雞生態農場）。

楊國禎教授在彰化火車站前的
反核演講 (2013.11.30)。

2013.11.30《民國廢核
元年》新書發表會上，
趙天儀教授的演講。

彰化火車站前的廢核行腳舞台 (2013.11.30)。

2013.11.30《民國廢核元年》新書發表會上，王小棣導演前來演說。

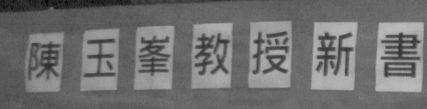

2013.11.30 夜，在台中市茉莉書店舉
行《民國廢核元年》新書發表會，義
工黃勵爵（左）與賴慧娟（2013.11.30）。

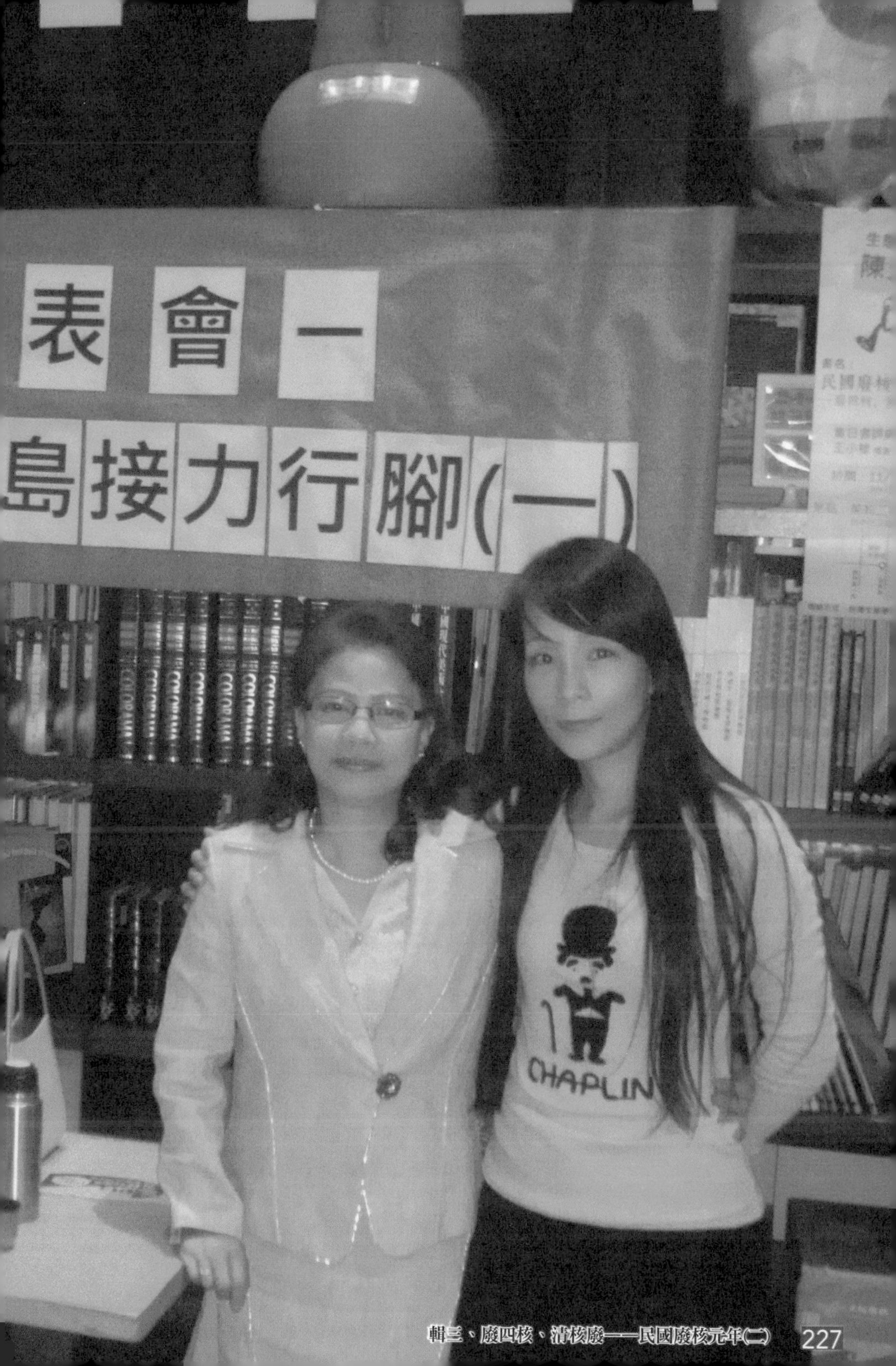
表會一
島接力行腳(一)
CHAPLIN

廢核新書發表會後，筆者與王順瑜全家人、楊國禎教授（右2）、蔡智豪先生（右1）合影（2013.11.30；台中市茉莉書店）。

埔里廢核行腳活動中，王順瑜（右1）主持的合唱（2013.12.1；埔里杷城里活動中心）。

施治寰的廢核演講（2013.12.1；埔里杷城里活動中心）。

廖嘉展的廢核演講（2013.12.1；
埔里杷城里活動中心）。

埔里廢核晚會後的合
影，右1廖嘉展，左
2林紫鈴（2013.12.1；
埔里杷城里活動中心）。

反核'
NO NUKES
No more Fukushima
不要再有下一個福島

非

NUKES
TA
T NEED IT

廢核行腳在台中的活動與蔡智豪
（2013.12.7；台中逢甲公園）。

台中廢核行腳活動柯紹臻律師的合唱團 (2013.12.7；台中逢甲公園)。

廢核行腳台中遊行的蕭耀松老師 (右1)(2013.12.7)。

台中廢核行腳遊行隊伍
（2013.12.7）。

如核安心？
何得核能？

核災降臨
全台難民

廢核行腳台中遊行
(2013.12.7)。

台中廢核行腳遊行隊伍的義工與民眾互動 (2013.12.7)。

台中廢核行腳遊行隊伍遊行中的蒐證女警 (2013.12.7)。

廢核行腳在台中的活動與蔡智豪，警察全程「蒐證」(2013.12.7；台中逢甲公園)。

廢核行腳台中活動的攤位 (2013.12.7)。

咱台灣人的國旗

Taiwanese National Flag

公投護台灣聯盟

Alliance of Referendum for Taiwan

WWW.
ISO 900

「公投護台灣聯盟」等團體鼎力
襄助台中的廢核行腳(2013.12.7)。

筆者為玉山國家公園解說志工上課，
順便宣說廢核(2013.12.15；東埔山莊)。

好友為筆者慶生，立者左起黃文龍醫
師、蘇董、楊博名董事長、尤雪錦女
士、林東獻先生 (2013.12；高雄市)。

學生們為筆者慶生
(2013.12；台中市)。

筆者無數次穿梭甲仙大橋，
印記山林足跡 (2013.12.21)。

P08

航空煤油

2013 年 11 月 27 日以降，
筆者投入後勁反五輕運動
史的調查、研撰：半屏山
下的石化帝國(2013.12.25)。

筆者於 2013.12.21 前往南橫梅山村探望 1980 年代的工作夥伴，布農朋友江丁祥先生（左）。

2013.12.30 邀請筆者至中正大學後殖民研究中心演講的外文系教授陳月妙女士。

2013.12.4 筆者前往中正大學演講廢核之後，與學生合影，（右2）郭心屏主辦。

顧立雄律師前來參加跨年廢核行腳活動，旋即離去（2013.12.31；自由廣場）。

2013.12.31 中正廟前自由廣場牌樓下，舉行廢核行腳的階段結束。

自然揹思

北海岸反核自救會許富雄會長的演說（2013.12.31；自由廣場）。

歌手張心柔小姐的反核演唱（2013.12.31；自由廣場）。

北海岸反核自救會郭慶霖總幹事演說（2013.12.31；自由廣場）。

我的學生梁詠淇小姐屢屢參與環運、社運（2013.12.31；自由廣場）。

反核部隊
Dieo

反核
NO NU

26
陳玉峯教授聲明

(2013.11.12)

　　「廢核四百萬人接力行腳」運動自 2013 年 10 月 10 日於貢寮開走以降，承蒙各地熱心人士協助、參與，以及行腳隊員的辛苦從事，筆者不勝感激於共業維艱。鑑於社會、政治或萬象事件、氛圍的變化萬端，核四、廢核等相關議題被淡化，且核四公投被弔詭懸置，核災概率或危機卻有增無減，而目前行腳模式難以引領初衷的社會效應，故而有必要盤點、檢討，以圖第二階段的再出發。

　　感謝所有曾經、正在付出的朋友們，這些熱情扶持的人士、事例等，或將在廢核行腳第二冊專書中輯錄。

　　在實務方面，由於本運動自筆者發起迄今，端賴青壯世代籌劃、組織、聯繫、決策，筆者從未實質介入，且在 8 月 29 日記者會上筆者已聲明完成世代交替，交棒予青壯世代。而青壯世代美其名「奉陳玉峯為精神領袖」，筆者在行腳過程中實與決策、聯繫等絕緣，只不斷捐輸個人微薄資源或心力，擔任幾場演講、致辭，並完成行腳第一冊專書《民國廢核元年 —— 廢四核、清核廢，全國接力行

腳（一）》出版在即而已。

筆者一生行事但求盡心盡力、負責承擔於大小事務為原則，而青壯行腳隊伍的行事風格與筆者迥然有異，但不同世代自有各自權宜方式，似宜朝向不同調性、款式發展，符合演化論之變異與天擇，只要廢核、反核的目標一致，自是自然、健康的多元途徑發展，筆者樂觀其成。

為開展第二階段廢核行腳運動，有必要公開聲明如下：

一、本運動五大主要訴求：

　　1.立即廢核四！核一、二、三儘速除役！

　　2.尋求國際合作，限期清核廢，還我無核汙環境！

　　3.限期制訂永世國土計畫暨世代環境政策，無論任何政黨執政，不管誰當總統、院長，皆該永世奉行！

　　4.全力發展綠能產業，解散怪獸電力公司！

　　5.立即修訂鳥籠公投法，還我有效直接民權！

乃筆者長年一貫的基調，第二階段仍然貫徹到底，但策略方法上，改採柔性及彈性出擊模式，定點舉辦。

二、原先行腳隊伍自即日起，與本人完全不相干。本人過往支付、捐贈各種款項，包括人事等費用，一概不必退還於本人，但運動名稱及個人或團體等，請毋再引用本人名義。

三、第二階段一本初衷，但共同發起人由於原先接洽人員分歧，本人將再次核對、驗正，避免無謂誤會。往後聯繫等，以經本人確認後為依據。而雲林行程等，舉凡全國各地區逕自與本人接洽的演講、行程等，筆者自當參與。

四、本聲明在公開前，已先向原先決策圈余國信、潘翰聲、李卓翰等人告知。筆者過往參與太少，做得太少，未能承擔，今後自當勇於任事。先前舉凡導致全國各地熱心人士誤解者，但願得以扭轉、更新。

此致

關心台灣環境共業的仁人、志士!!

陳玉峯 合十、感恩！

時 2013 年 11 月 12 日

㉗ 城隍廟前說反核

(2013.11.12)

感恩台灣、嘉義這片天地、眾神、城隍爺！

現場鄉親序大，大家好，大家晚安！

「城隍」這兩字，原意是城池，也就是「城郭濠池」的防禦(衛)性建築。「城」指城郭，內曰城，外叫郭；「隍」指城池，有水的叫「池」，無水則叫「隍」。

守護城池的地神，在三國東吳時代被獨立出來奉祀，直到唐朝，城隍大致正式成為城市的保護神。明朝朱元璋比照人間行政體系、官職，將京師的城隍封為「天下都城隍」，謂之「明靈王」；各省城隍為「都城隍」，封王爵；各府的叫「威靈公」；各州的叫「靈應侯」；各縣的城隍稱為「顯佑伯」。清代大致沿襲之。

也不知道是何等聰明官僚及神職人員的合作，橫直四、五百年來，民間漸漸形成一觀念，認為人死後，靈魂先被拘押到城隍處審判，決定上天堂，或下地獄繼續進行各種判決與刑罰。古時候，人死後尚未入殮前，喪家得帶頭紙，於傍晚時到城隍廟燒頭紙，謂之「報廟」，也就是替

死者完成報到手續。

清代將這套神權統治術發揮到極限。清廷規定，各省府縣、武職協鎮以上的文武衙門，必須在衙門附近建城隍廟，與世間的衙署分別掌管陽間與陰間的社會秩序及所有行政、司法等。地方官上任，得先往城隍廟行「就任奉告」之禮，而且，每月初一、十五還要前往城隍廟，行三跪九叩的大禮。

這些祭儀等，當然是做給百姓看的。

台灣首座城隍廟殆為1669年，鄭經時代所建的「府城城隍廟」(在東安坊府署之右)；嘉義這座城隍廟乃1715年(康熙54年)，周鍾瑄擔任諸羅知縣時，自行捐款，夥同參將阮蔡文捐銀40兩所創建。因而今廟後殿(六層)第一層右祀創廟知縣周鍾瑄，是全台灣廟宇中，少見祭祀清官的特例之一。

清廷取下台灣之後，一開始勉強採納施琅的建議，將台灣納入轄下，採取系列撲滅「反清復明」的鎮壓措施，更廣設媽祖廟等，用來監控台灣民情，而且，歷代皇帝皆視台灣為難以控制的特殊區域，因而特別重視以神權、神道掌控民心教化，此間，城隍廟的功能非常重大。媽祖廟及城隍廟可視為體制外、體制內的佐政機構。

台灣傳統的宗教信仰及價值觀、人生觀，脫胎於或傳承自明朝三教合一(註：此乃歷代政教相互利用及鬥爭的產物)，所謂的「有神必求、有佛必拜、有聖必崇」根深蒂固，常民的價值觀、是非觀則以袁了凡的《了凡四訓》、「功過格」

為骨鯁；造神原則以《封神榜》為圭臬；造神底蘊以「觀音法理」為隱藏性法脈，因而篤信善有善報、惡有惡報的因果報應觀。城隍廟在官方以教佐政的策略下，發揮得淋漓盡致。

半個世紀之前或筆者小時候暨之前，台灣人遇有辦喪事，往往請道士唸經超度。祭儀式場上，張掛十殿閻王各種酷刑的畫冊，強調死後有審判，陽間任何作惡，必須在地獄輾轉受苦，而且孽深罪重者，還遺禍報應予世代。由於地獄的想像場景恐怖嚇人，讓人印象深刻而不致遺忘，特別在小孩心中，更留下永世無法磨滅的記憶。而城隍廟則擔任初一、十五例行性的警世作用。

澎湖媽宮城隍屬於「靈應侯」級 (2012.10.16)。

以澎湖媽宮城隍廟為例，在媽宮尚未繁榮的年代，城隍廟所在地原本屬於該地區最是陰森處，人們從小即烙印著幽冥世界的顫慄印痕，一臨近廟口即有一股陰氣襲來，等你一見廟口門聯，警告的語氣，頓時威嚇來者：

　　將入廟來當防失足；

　　要歸家去須早回頭！

進廟門一抬頭，斗大三字匾寫著「你來了」！讓來訪者心頭為之一震：「祂知道我來了！」而對面的門楣，還張掛一具舊式的大算盤，左右書寫著：

　　世事何須空計較；

　　神天自有大乘除。

擺明遲早都會向你算個一清二楚，任何人都無所遁逃。然後，在神龕香爐煙霧瀰漫所營造的虛無縹緲氛圍中，廟堂的陳設，宛如官衙刑堂，左右分列著文武判、六部司（彰善門的褒善司、陰陽司、註祿司；罰惡門的罰惡司、速報司、註壽司）、日夜值功曹、黑白無常、牛頭馬面、三十六關將、七十二

自然哲思
三部曲

「你來了」！舊匾應是「爾來了」（2012.10.16；媽宮城隍廟）。

「悔者遲」！待你來報廟時，說什麼都太慢了！（2012.10.16；媽宮城隍廟）。

地煞等鬼使神差，或青面獠牙、裂目吐舌，手執百般刑具，張羅極致的恐怖，令人膽顫心驚、毛骨悚然。

再一抬頭，另三個大字：「悔者遲」！

一般具有因果報應觀的人，被嚇到這裏，大概都已魂飛魄散，難怪古早人去一趟城隍廟，至少三個月不敢做壞事、存否念！

然後，正殿上端坐著紅臉的城隍爺，左右對聯寫著：

當日肆無忌，滅理壞倫，君何幹去；

今朝悔已遲，披枷帶鎖，爾自惹來！

橫披：功存捍衛，再度恐嚇你一番！

另如高雄左營城隍廟，大殿上的一副對聯，是1741年卓肇昌寫的：

為善必昌，為善不昌，祖宗必有餘殃，殃盡必昌；

作惡必亡，作惡不亡，祖宗必有餘德，德盡必亡！

除了彰顯因果報應之外，也強調世代的善惡嬗遞關係。

它的後殿另副對聯：

昧己即欺心，當思心即神耳；

行仁即自福，須悉福自善果。

基調通通同款，但也直揭「人心即神耳」，你的起心動念，神明通通清楚啊，更可推衍：人心即神眼、人心即神心，沒人就沒神，是人創神而非神創人等等。

也有城隍廟的對聯如下：

別看我廟小神小，不來燒香，瞧瞧；

那任他官大勢大，若有作惡，試試！

你所有的業、罪都得算清，報應溯及三世兩重因果 (2012.10.16；媽宮城隍廟)。

換句話說，走著瞧、試看看！直接恫嚇。

　任憑你無法無天，到此孽鏡高懸，還有膽否？

　須知我能寬能恕，且把屠刀放下，回轉頭來！

而這副除了威嚇之外，下聯轉往寬容方向，給予生民機會、回頭是岸。

說起寬恕、寬容的角度，就筆者所知，全台灣最饒富人情味的城隍廟，就屬咱嘉義城隍最是溫和儒雅。請大家到後殿看牆上壁畫，吳江河書撰的對聯，即可明瞭：

　天理、地理、他理、自理、有理、無理，是非判理；

　恩情、人情、感情、愛情、私情、絕情，陰陽通情。

橫批：善判陰陽。

六部司之一的「速報司」:「速知革面
修非晚;報應臨頭悔已遲」(2012.10.
16;媽宮城隍廟)。

媽宮城隍廟正殿城隍神像為粉紅臉,
上匾:「功存捍衛」,對聯:「當日肆
無忌滅理壞倫君何幹去;今朝悔已遲
披枷帶鎖爾自惹來」(2012.10.16;媽
宮城隍廟)。

也就是說,嘉義城隍除了一般司法神的威嚴之餘,還多
了副菩薩心腸,強調所有審判的原則落在:「通情達理」!
而且,後殿設有觀音佛祖,說明此廟正是禪宗法脈所設
置,後殿是「本體觀音」,而正殿的城隍是「應現觀音」,
傳承著「無功用行」的教化。

不只如此,嘉義城隍廟側門兩扇門板上書寫著:

到此分邪正;

由茲辨是非。

或說,強調是非、正邪不兩立,要跨向超越個人的善惡
觀,進往社會、國家的大公大義、大是大非等境界發展
了。

因此，我們今天在此廟談反核、廢核四、廢四核、清核廢的意義，實在是相得益彰。但願城隍爺明鏡高懸，可以儘速感化、回向錯誤的政策，以及為非作歹的當權啊！

　　台灣4、50年來不曾缺電，未來也不大可能會缺電，電價不僅不該漲，更應該降價才合理。核電是人類有史以來，人為造孽、造災最最恐怖的魔鬼之一！30多年來，台灣處於隨時會遭殃的危機當中，目前存放在核一到核三廠的殺手輻射劑量，相當於超過23萬顆原子彈，全世界沒有人能妥善處理！而且，核廢為害千秋萬世，核電、核廢不解決，台灣隨時有可能「有路沒人走，有茨沒人住」（劉伯溫燒餅歌對台灣的預言、警語！）。

　　如果沒有一個安全、健康的台灣環境，你的豪宅、家園又有什麼用？核電、核廢一旦爆出來了，你家十幾代人的經營，你一生所有打拚、努力的成果，只成為廢墟，你的家人、子子孫孫又將流亡何方？

　　沒有人不會犯錯，但一而再地犯錯，還堅持他的錯，就叫做愚蠢。全國最不該愚蠢的一個人或一群人，卻是曠古罕見的愚蠢，這就是目前台灣最最嚴重的問題，且將危害天下蒼生，並遺禍世代。這其中，最最惡毒的，就是核電及核廢政策。

　　鄉親序大、少年郎啊！顧自己、顧家庭、顧親戚、顧朋友、顧子孫，咱就要站出來反核、廢核啊！

　　筆者投入台灣環境、生態關懷或運動35年以上，只要一口氣還在，就沒有悲觀的權力；我的身軀可以老朽，我

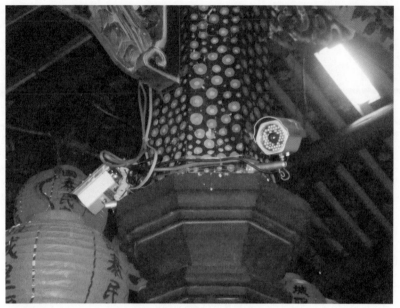

可嘆的是，時至於今，城隍廟內都得設置多支監視錄影器，防宵小。(2012.10.16；媽宮城隍廟)

的靈、我的魂、我的魄永遠不屈服於強權惡政，我還是要堅決地說，我們這一代過去戰鬥、現在戰鬥、將來戰鬥、死後一樣戰鬥！

　　一生山林研究教我體悟：感情是最深沉的理性；理性是最優雅的情感。如果不加上慈悲、智慧與勇氣，為這世間、世代，了盡基本的責任與承擔，那這世人就算白來了！

　　城隍爺啊！祈求您繼續保庇台灣吾土吾民，請您顯靈降駕，喚醒全民與當權，早日終結台灣的大危機啊！感恩！

28
北港媽祖廟前談反核

(2013.11.19)

感恩北港我的故鄉這片天地、眾神、媽祖婆！

感謝鄉親、朋友！

如果沒有北港媽祖，就沒有陳玉峯數十年來，在社會追求生態正義、環境公道的行為與打拚。直到接近60歲，我才領悟到，媽祖信仰對我人格、靈性無形的影響，以及我之所以反核到底，為什麼？我們先從下列若干的現象反思，即可獲知端倪。

1. 屏東慈鳳宮的阿猴媽祖強調，1661年有一和尚，奉請媽祖香火前來開基；麥寮拱範宮緣起於「**純真禪師**」，1685年他迎請六媽來開山；北港媽祖號稱是1694年，臨濟宗第34代禪師**樹璧和尚**來開創，等等，為什麼道教的媽祖廟，非得要禪宗的和尚來創廟？甚或幾百年後一樣由和尚當住持？

2. 林默小姐成神以後，為什麼叫做「媽祖」？

3. 稍具規模，或有前後殿的傳統媽祖廟，為何後殿一定是觀音佛祖？而且，通常前殿香爐後，擺設的是太子爺

麥寮拱範宮媽祖廟的開山祖師乃佛教禪宗轄下的臨濟宗，其靈位文字：開山，傳臨濟正宗圓寂比丘（刻為邱）上純下真璞老和尚蓮座……(2013.11.19)。

拱範宮是「道教」的廟，為何都是由和尚開山且傳承當住持？圖為澄寶法師的靈位，一樣都是臨濟宗法脈(2013.11.19)。

（三太子），由後至前：「觀音佛祖─媽祖（或任何神明）─三太子」如此「三明治擺設法」的意義是何？

　　大部分傳統台灣的家庭，客廳神桌上的擺設，基本上就是簡化型的廟宇，你瞭解嗎？為什麼？

　　4. 媽祖為何必須降伏千里眼與順風耳當助手？千里眼與順風耳象徵什麼？

　　5. 北港媽祖廟最重大的特徵之一，在於千里眼與順風耳的顏色，為什麼？你知道媽祖分為反清與順清的兩大陣營嗎？

　　6. 媽祖到何時變成天上聖母？禪宗法脈為何可以和天主

媽祖即「馬祖道一」禪師的法脈，因宋朝皇帝改佛為道，其居士禪徒才創造神話，將觀音穿上道袍，變成媽祖 (2013.11.19；參察拱範宮鎮殿媽祖神像)。

教融合？

　　還有許多議題等，必須由禪宗對《法華經》及《楞嚴經》的解釋，以及歷史的變遷作深度理解之後，始得釐清。而最直接、簡約的回答：媽祖徹底是穿上道袍、戴道冠的觀音。西元1119年、1121年，宋徽宗兩度下詔，改佛為道，馬祖道一禪師(？-788年)的居士門傳承下來的閩南弟子們，為了不讓馬祖道一的法燈、法脈中斷，創造出林默娘神話，以觀音法理的本體與應現手法，結合佛經、道教形式、民俗及民間傳說等等，於1122年重新取得朝廷的許可執照，隱藏式地流傳下來。

由於神佛無形、應物現形，禪宗信徒依據本體與應現的原理，後殿奉祀觀音佛祖代表本體觀音，前殿應現（觀音）為媽祖，或可以是任何神明（例如城隍、關公），而以千里眼象徵「觀」、順風耳代表「聽世音」，提醒後世人，媽祖就是觀世音，就是馬祖道一的法脈，同時，馬祖道一也已轉化為女性化的媽祖。而爐前三太子，代表這套信仰的方法論或禪修的宏旨，藉由神話哪吒三太子之割肉還母、刻骨還父，象徵人要禪除掉五感六識、意識、潛意識，進臻阿賴耶識本尊，或觀進靈音或佛禪境界。

　　而禪宗最強調主體性與純真，在歷史上更是高揭民族大義，歷來最勇於挺身對抗外來強權，例如南宋主和派的秦

拱範宮的「憨番扛大柱」被改成穿西裝、皮鞋、打領帶的洋人（2013.11.19）。

拱範宮的金面觀音代表被官府註冊者 (2013.11.19)。

拱範宮的順風耳是紅色 (2013.11.19)。

北港媽祖廟朝天宮的千里眼維持明朝的紅色 (2010.9.7)。

檜信奉天台宗，主戰派或支持岳飛的絕大多數是禪宗；反元、反清的，皆以閩南媽祖禪最是激烈。不幸的是，鄭成功抗清的時代，投降清廷的閩南人，了知媽祖信徒的反清意識，於是，奏請朝廷收編媽祖，奉為國祭、官祭，導致閩南人在民族大義、倫理精神、忠奸二分的徹底破產，施琅取得台灣之後，更廣設媽祖廟，用來監控民情，打壓並消滅反清意識、勢力及革命。雖然滿清成功地收編媽祖(信徒)，另一角度看，也相當於向媽祖投降，同時，媽祖信仰也分裂成兩大陣營，一派順清，一派反清。依我看來，北港媽祖徹底最是反清，北港媽祖廟還保存明朝慣例，千里眼是紅色、順風耳是綠色的特徵，而施琅所設置的台南大天后宮，偷偷地將顏色對調，此之謂豬羊變色。後來，不知情的後人，模仿清廷官僚設置的媽祖廟，千里眼通通變成綠色、順風耳變更為紅色。

在做人做事、立身處世面向，媽祖信徒的理想人格當然就是以媽祖為依歸，期待自己可以修成有若媽祖的大慈悲、大智慧，更深沉的是，它是以隱性文化的方式，感染人群，表面上類似不立文字，只以身體力行，實踐無善之善、無德之德的「無功用行」或「無所求行」，也就是左手做的不讓右手知道，左手也忘記，形塑台灣人好到莫名其妙的行徑，也可以說是有若日本人敘述的「百猴效應」，一種可以跨越時空的無形之善。台灣人如陳樹菊者到處都是，陳只是倒霉被報導出來的！

在通俗可理解方面，媽祖信徒即以《維摩詰經》的「菩

薩成就八大法」為圭臬，特別顯著的信條即前三法：「饒益眾生不望報；代一切眾生受諸煩惱；所作功德盡以施之」的水牯牛精神。

在內在修為或心理療法的精義，以及觀音法理或「應現」的奧妙，其原理或根據，在《法華經》說成：「若有國土眾生，應以佛身得度者，觀世音菩薩即現佛身而為說法。」在《楞嚴經》則說：「若有藥叉，樂度本倫，我於彼前，現藥叉身而為說法，令其成就。」然而，絕大部分現代人看不懂這道理。以現今白話，或可解析如下（舉例）：

我認為或感受某個朋友對我不忠或背叛，那是因為我的意識中，存有對人不忠、背叛的經驗、記憶，我的這些心象投映在這個朋友身上，好像這個人以具體的不忠或背叛來對我「說法」，要我禪除掉或懺悔掉這些意識、妄相，以便接近觀音的妙音境界，打從內心，根除掉這些困擾我的念頭。以此類推，無論正面、負面，都是觀音（我的終極來處、去處，或心的本質，禪佛的原意）要讓我禪除心念妄相的機會。於是，任何的起心動念，都在提醒我從心念中出離，得大自由、大自在啊！

然而，這套「心法」乃奠基在「緣起性空」的悟解之上，絕大部分台灣人不明所以地實踐，後來就轉變成一句俗話：「吃苦有若吃補！」甚至於淪為自虐狂似地消極。

媽祖、馬祖道一、觀音、佛禪是要求人們自我承擔，從內在改造自己的主體信仰，而且要在內心清淨、明白的同時，竭盡所能，實踐大付出、大承擔的無功用行，它的是

非清晰、邏輯明確、無掛無礙地進行菩薩道的入世；它沒有灰色地帶，而有善巧方便與大寬容。

這套信仰或價值觀絕對不會坐視人間的不公不義，更不容許核電、核廢這類危害千秋萬世的超級大邪魔。為了製造原子彈才發展的核電政策錯誤了40多年，如今一小撮既得利益的餓鬼格，還在傷天害理、製造恐怖危機，凡我媽祖信徒快快覺醒，站出廢核啊！

媽祖婆啊！我一生不曾祈求功名利祿，而今天在此祝禱祈願，但願媽祖再度顯聖啟迪世人，否則核魔輻射爆出，馬祖、觀音法脈也將斷絕啊！廢核行腳以五大訴求，恭請媽祖賜福助力，為我台灣人的世代正義，了盡這代人的基本承擔，感恩！

附註：由於明朝中葉以降，朝廷向天主教靠攏，民間結合天主教的聖母與媽祖信仰，從而產生天上聖母的尊稱。

環保、神明與政治
──寫在2013.11.19麥寮拱範宮前演講前

　　國家最高的法律不是憲法，而是普世人民的幸福、安全、公義以及世代正義。

　　政治的目的，在於不斷地提出更合情、合理、符合正義與公義的種種辦法，確保人民及世代的幸福與安全，包括修改、制訂種種的法律及政策，必要時得變更國家！

　　環保及保育是一種先進的政治，旨在開創當今社會尚未普遍或尚未存在的道德、美善及公義。環保及保育運動當然是政治運動，它從人道主義、人本中心推廣到生態、生界或整個地球生態系的範圍，它以更深遠的時空及萬物角度，庇蔭地球，它是出自整體論的遠見或前瞻。

　　神明或宗教信仰是集體人心的理想與願景，祂們安頓身、心、靈的健康，照顧生前、死後的一切，雖然在人類文化、文明的進展中，它們的變遷最緩慢，但一樣與時俱進，時而更走在時代先端。它們不斷揭櫫文明的弊端，更提出末日建言，還有更先進的行為，自1980年代以降，台灣的環保神明已然崛起。

然而，人類文明史以來，政治與宗教相互操控、利用或鬥爭，而無論中國或台灣華人四百年史，從來都是政治優勢凌駕或操控宗教，偏偏宗教一向都是睜眼說瞎話，不斷強調「不涉政治」，如今，台灣的環保神明已經跨出新境界，例如後勁，在地五間廟宇聯合起來反五輕，締造了政治的新局面。

　　我選擇在麥寮這個狀似邊陲、最少政治菁英關注的地區，談出目前冷門卻很深邃的議題，因為自從六輕進駐之後，麥寮就是最具政治敏感性的地區。

　　我期待、預估麥寮地區的宗教信仰或神明，也將開創在地及台灣的新希望。

　　幾年來，我的學生、朋友們不斷間接地提醒我，台灣三十多年來的環境運動，已經蓄積足夠的動能，應該結合種種弱勢運動及本土意識，籌組新的政黨，有效且直接地挹注社會，並楬櫫21世紀台灣國家的願景。

　　也就是說，我認為環保、神明與政治早就該結合，跨出新的社會革命。

　　至於目前台灣政治或政策，多如牛毛的問題與議題，不消我說，早已是人人得而誅之！在此，我只談一個議題，就是核電、核四及核廢，它正是40餘年來，台灣國家的恐怖主義，它是最鉅大的詐騙集團，它隨時可以終結十幾代台灣人的幸福與安全，它會消滅各種神明及世世代代的未來。

　　請談反核！

30
彰化火車站前反核宣說

(2013.11.30)

　　因為我今天可以站在這裏，自由談論公義的話，我要特別感恩台灣過往民主前輩的犧牲、奮鬥！

　　感恩台灣、彰化這片天地、眾神！

　　現場鄉親、朋友，大家好！

　　我也要向後代子孫告白，不管反核、廢核運動的結局如何，此時、此地、眾人一定會繼續奮鬥下去！

　　2009年11月，西班牙國際法庭以「群體滅絕罪」及「酷刑罪」名，起訴江澤民、薄熙來等五名匪幹，因為他們是迫害法輪功的元凶。

　　2013年11月19日，西班牙國家法院同樣援引「普遍管轄權」，對中國前國家主席江澤民、李鵬等五人，發出逮捕令，因為這五人在1980、1990年代，涉嫌對西藏人犯下「違反人道、滅絕種族、虐待，以及恐怖主義」等罪行。江等五人，若前往西班牙或其他承認這道通緝令的國家，將可能遭到逮捕或審判。

　　所謂「普遍管轄權」或「普遍管轄原則 (The Principle of

自然哲恩 三部曲

Universal Jurisdiction)」，乃國際法的原則之一，舉凡危害全人類、國際犯罪如戰爭罪、侵略罪、非法使用禁用武器罪、種族隔離罪、絕滅族群罪、販賣奴隸、兒童、婦女罪、酷刑罪、非法醫學試驗罪、海盜罪、破壞和平罪，等等，不論被控告犯罪人的國籍、居住國與起訴國的關係如何，不管罪行在何國領土所犯，起訴國及承認此原則的國家，皆可對涉嫌人行使刑事管轄權。

顯然地，這是奠基於普世人道、正義原則，為防範不同國家或國際犯罪的漏洞，所設下的國際法，基本上，係針對空間區隔作彌補。而1993年比利時頒布了《萬國管轄權法》，2002年「國際刑事法院」創立，在在有助於解決犯罪的空間漏洞。

我選擇在彰化，提出普世人道、正義經緯度之外的另一面向，也就是世代正義及生態中心理念，必將是超越現行所有法律、慣例以外的，人類必須在21世紀推展的新規範。簡單的說，21世紀人類的任何行為，必須照顧後代子孫，且延展地球上既存的生物及其棲地環境。因為，彰化人正是日治時代台中州之所以被尊稱為文化城的主因，彰化人本來就是民主的先聲，最值得分享先進的概念！

此中，核電、核廢是立即性、隨時性的國家恐怖主義，並危及世世代代，傷殘任何生命，使之畸變、死亡。當它們尚未爆發出顯著的大傷害之前，可能依緩慢、無形的滲透、穿越，毒害有機生命，並帶給人們分分秒秒的壓力或緊張，因此，必須向全球串連仁人志士，早日擬訂完備的

世代正義法規或準則，也必須成立國際生態法庭，對抗邪魔科技及資本主義惡霸。

我們可以收集、研擬系列資料，先向全球任何可以著力的單位、組織，控告馬英九、台電董事長、原能會主委、行政院長、立法院長及司法院長，罪名是：謀殺台灣人及世代子孫（目前屬於未遂犯），預謀性亡種滅族，威脅、恐嚇、詐騙、欺凌全民及世代的身心虐待，瀆職或怠忽職守，威脅台灣島及境外生界等，這些罪名與台灣地體變動、生命密度相關。同時，在更積極面向，我們該依據數十年來，台電與奇異公司等境外製造核電廠商簽約的文件，控告這些生產邪魔牟利的單位，並謀求制訂「任何生產者必須為其產品或其導致的結果，向各國及地球生界負責」的規範原則及國際法條。

也就是說，全球普遍管轄原則必須擴展範圍，包括時、空、生界、地球生態系的正義，否則，全球沒有未來。

鄉親朋友們，我不是打高空、痴人說夢話。如果沒有一些人獨立於國家機器之外；如果沒有一些人遠離潮流、主流，提出一些前瞻遠見，並為之奮鬥，那麼這個社會或文明，就已經成為歷史或行將就木！文化的演化與生命的演化如出一轍，生物學上所謂一個「好種」（特徵固定，幾乎沒有大變異），就是進入該種最壞命運的階段了；一個將來的典範或新主流，在現今當然只是異端。我寧可現在被訕笑，也不願後世沒生機。

1993年台灣曾有法輪功成員，控告江澤民等三位中國

高層，觸犯「殘害人群治罪條例」，法院如何裁決可想而知，只落個「管轄錯誤」，一點也不意外，因為 KMT 統治下，一向就是「事看誰辦；法看誰犯」，且進展到2010年代，白海豚、日本福島輻射碰到台灣都會自動轉彎。依個人經驗，台灣的人權水準，2010年代遠比1990年代還落後。

然而，所有的暴君、暴政，都比不上創造出冷漠的人民更夭壽的事！但願彰化人可以秉持優良的民主、自覺傳統，將先進大愛傳播，為第一步廢核四而全力付出！感恩！

請談「從世代正義談廢核（略）」。

31
台中廢核行腳開走致辭

(2013.12.7)

有句較少聽聞的台諺:「五人同君、五人同賊。」生似雙手掌攤開,左右各有五隻手指頭,比喻為人處世,不管你做得多好,有五人讚賞你,也會有五人批評你;而無論你做得多差勁,也有五個利益均霑者或媽寶、太座寶、兒女寶會支持你,當然必會有人批評你。這是在高壓專制時代,俗民怨嘆難做人,順了姑意逆嫂意的自我解嘲的話,不盡然意指沒有是非的黑暗時代。

時至尚未建立健康社會規範的現今台灣社會,從過往沒有自由的秩序,走到今天沒有秩序的自由,倡導並執行任何公共政策的權力中心,必然會遭受各方攻訐指摘,此乃常態。然而,所謂民調得以低達9.2%,這恐怕是破天荒、人神共憤才可能啊!也就是說,徹底跨越黨派,沒有意識型態之分的「共識」,甚至其人格都已遭到唾棄,才會產生令人厭惡的地步啊!而最最荒唐的是,這樣的人還可呼風喚雨、一切都是別人的錯、自我感覺良好,我只能說,這是個黑暗時代!

台灣現今的惡政當中，最無可原諒的就是核電、核廢、核魔，以及其擁護、執行者！由全國歷來最大詐騙集團的台電及他馬的政權在使壞！而之前，由執政黨提出的核四公投，命題方式一看就知道是很邪惡的人，才提得出來的陷阱，配合鳥籠公投，加上資訊極端不對等，擺明了這個政權就是很下流、很惡質。

更不幸的是，十多年來台灣的政黨對立，除了私下的利益分贓之外，對攸關人民生計、生活、安全等相關議題，例如龐多降中計畫案以及核電案等等，只要是執政黨提出的，反對黨就否定；反對黨提出的，執政黨就拚命封殺。心態及行為完全摒棄理性、是非善惡、良知的判斷。這些政客的心目中，只有短暫的近利，而不相信會有報應，生前、死後都有審判啊！而且，並非任何議題都可付諸公投，例如在台環境條件下，明知是危害世代、邪惡科技的核電，稍具常識的人都該否定，何況是國家政府層級！

我們在此再度呼籲當局回頭是岸，立即廢四核，限期解決核廢，我更要在此向胡市長喊話，如果你在10月28日《看見台灣》特映會上，公開宣稱我是你的「老朋友」為真，那麼，這位「老朋友」向你第二次提出呼籲：請你超越黨派私利，向良知及世代負責，站在主流民意，要求馬先生立即廢核四，只要廢核四在三個月內提出或完成，必可挽救國民黨在接下來的大、小選舉，不致於兵敗如山倒，而且，馬先生已經是個過去式的人了！同時，我也要向胡市長建議，在台中市議員部分，早該培植一些環保專

業的人才，例如像台灣生態學會的蔡智豪老師，如果國民黨在西屯區支持蔡智豪進入市議會，打破歷來家天下的老窠臼，讓人民相信胡市長真心革新，關心民眾的身、心、未來，那麼整體局面也將大大不同！

　　胡市長啊，我一生不求名利，只求台灣有個好將來；我一輩子在台灣的付出，天下人看得很清楚。胡市長啊！你還記得先前你的夫人受難時，純真、善良的台灣人民，大家默默地為夫人祈禱、迴向，那樣集體的善念，我相信你沒齒難忘，如今，也該是你回饋台灣善良人民的最佳時機了，站出來廢核，形成政策轉變的最重大關鍵，則天下蒼生永世感戴你胡市長啊！

　　21世紀台灣的生機，必然落在綠能產業及自主創意，告別20世紀的汙染、危機政策是先決條件，而且，舊時代的政黨對立也該早日更新。我的學生、朋友近2、3年來，不斷地期待新政黨的成立，一些人士也已經擬訂出時間表，或許明年即可誕生，而環保、保育本來就是先進的政治，加上宗教的革新，許多環保神明已經站出，台灣社會的活力與生機，必將由新世代揭櫫，舊世界的特權資本主義必將轉型，最後，我還是得再三呼籲：

　　1.立即廢核四！核一、二、三儘速除役！

　　2.尋求國際合作，限期清核廢，還我無核汙環境！

　　3.限期制訂永世國土計畫暨世代環境政策，無論任何政黨執政，不管誰當總統、院長，皆該永世奉行！

　　4.全力發展綠能產業，解散怪獸電力公司！

5. 立即修訂鳥籠公投法，還我有效直接民權！
敬祝全國廢核接力行腳成功！感恩！

輯三、廢四核、清核廢——民國廢核元年（二）

㉜
天才與邊緣人

　　日前應邀到某地演講，前一天主事者來電，要我講30分鐘，跟先前與我連絡的1小時，恰好削了一半，我說：「在地人自己講就可以了，廢核人人有責啊！」對方還是強調「老師來比較有號召力」或之類的話，時程訂在晚上8點23分至53分鐘。

　　當我提前一個半鐘頭上高速公路，心頭嘖嘖稱奇：這是什麼樣的團體？金馬、金鐘頒獎？總統大選辯論會？而可以掌控在23分鐘時，準時讓我講？難怪我提前上路，因為我尊敬如此精準的「時控精算師」！

　　高速路上手機響起，先後兩通，一通問能否在8點以前到會場，我答可以；第二通（我已經在會場邊了）說：「你的時間改在8點零5分。」我心暗忖：還好我提前到。

　　我在現場同幾位認識的朋友打招呼，聆聽或觀看別人的演講及表演，也拍照些許畫面。然後，輪到我了，時間已延後！一個拿麥克風的小朋友對我說：「輪到你了，時間20分鐘！」瞬間我七竅生煙。我說：「……說好30分鐘，

自然哲思
三部曲

你現在突然又變20分，你們自己講好了。」我不上台，主事單位七嘴八舌之間，我掉頭走，猛然轉到觀眾席前，連珠砲開講，幾乎不留半個間隔地講完我想說。也許是火大，因而慷慨激昂、陰陽頓挫、鏗鏘有力。說完，立即走人。

我步行中，幾個人跟我比大拇指，有人表達落淚。走到座車前，有個歐吉桑追過來，先表示對演講的肯定，接著說：「我也是科學家，我叫○○○。」他揚起一些寫滿冗長數字的 A4 紙、紅包袋，還有他披彩帶的照片，彩帶上書：「超越電腦、表演比賽／裁判長」；紅包袋上印滿一些奇怪的文字與數字，例如：

面積計算比賽：10999999890 台尺密碼；333333330000 平方公尺；100833332325 坪。數學基因相對論‧奈米數學表演比賽，報名處（電話號碼）。世界最高文憑之數學錯誤診斷比賽。算對者公費，算錯者自費。理論就是發明。數學 DNA 相對論。數學史上的今天……

前面的數字，我推測跟度量衡在不同制的換算有關，但文字我實在看不出蹊蹺處，因為我無能銜接數學跟 DNA 的關係。我耐心聽他講，我仔細聽他講，我判斷最大的可能：他是「天才」，而他竟然也自稱「天才」。演講會場主事人一直在旁試圖「幫我解圍」，他不斷告訴「天才」他要跟他談，先讓陳老師走。然而，我真的「很有風度」，一邊諦聽「天才」的述說，一邊跟主事人說：「他 mental trouble？你不覺得他很可憐嗎？」我瞭解主事人的好意，

但我悲憫「天才」而無能做什麼，唯一能做的是多聽他講一些。我也想到主事者會不會想：「你陳玉峯對演講時間這麼計較，卻寧可花時間聽個瘋子胡扯?!」

如果主事者不會想到這完全是兩回事，且主辦單位若不知反省，則他們與這精神病者有何兩樣？則我的錯誤在於：當他們將30分鐘突在現場砍掉10分鐘，而我生氣，因為，我該對待各式各樣的多元精神病患「一視同仁」?!

幾天前我在某個廟口，也是演講會場遇見一個婦人，拿著一張充滿不滿政治的怪異文字、咒語，黏著我「宣說」了足足20分鐘。她神智健全，只是無處宣洩她的熱心公事與卑微！我到處遇見社會底層的邊緣人，大概因為我也是個「邊緣人」。

2013年12月10日近午，我在後勁鳳屏宮作調查。榕樹下、座椅上，坐著從臉龐到赤腳、衣著全黑的一個男子，面前擺著一瓶米酒、一瓶保力達B，還有個髒兮兮的即拋型塑膠杯。他斟酒要請我喝。他口齒不清、邋遢得無法形容，這類人的印象，像是台灣社會甚至全世界永不殞滅的「定格」，我從小到老，一直到處見及。他們像是鑲嵌在虛空中的磁磚，冰冷僵硬地印記社會的邊緣與邊緣的社會，從不隨著時代稍作改變。

我也想到年輕時代聲嘶力竭地「搶救山林、環境」，看到如今因為《看見台灣》讓從來是「瞎眼」的官僚突然「明目」?!沒人會在乎這場老梗的作秀得以演多久！記得當年，因為我投入國土議題，還惹來某大雜誌的執事批評

我「只在乎山林，不在乎人」！唉！我只是不在乎從來作「假」的既得利益者。

今年某大報的年度選字，該報記者問我何字，我答「假」。票選結果高居冠軍。12月9日該報記者又來電，問我題「假」字的理由、期許，我答了一簍筐。隔天的報導却槓掉了我最重要的理由，也把我談話的許多內容乾坤大挪移。這才是更「假」，想或也是一些「天」才的傑作？

我不在乎或在乎人？我不確定。這個月在某國立大學的廢核演講後，一位教授跑來跟我說，他聽了很感動，眼淚也快要掉下來，但他有話要說：「你講的關於地科的東西都是錯誤的，而且，你在傳播仇恨！」我一輩子迄今，首度聽到這番「震撼」！他舉證我的「錯誤」包括山坡地本來就會崩塌，有人經營、砍掉森林、種上高冷蔬菜等等，有了人的「治理」，「甚至還比天然林更不會崩塌！」我真的會誠懇地反省，並仔細研讀相關「天才」的研究報告。至於我在「傳播仇恨」，如果依循《老子》的因果邏輯，或《金剛經》的「即非詭辭」，則某個角度我「完全同意」；如果依常識，為被迫害者發聲叫做「傳播仇恨」，那麼，迫害、毒害人們的「造孽者」在「傳播慈悲」嗎？用這種方式要我「禁聲、閉嘴」，却還口說要向我「學習」的人，是否也是「天才」行列人？我不確定，但我真的會打從根源、因果、形而上好好反思！

這期《天下雜誌》說「好老師得不到被支持」，問題是何謂「好」老師？如果以我教過的學生為例，1～20年後，

直接或間接地表達「感恩」、「受用一生」的人可謂不少；如果「好」老師的定義可以從「後果論」來判斷，則我似乎可以算是「好」老師?!但我從2007年辭掉「正教授、副校長」一職後，整整超過6年4個半月，我始終找不到「工作」，我是「邊緣人」！我這個「好」老師已被大學系統唾棄？因為我會傳播「仇恨」?!

近個把月來我集中心思、力氣，研究後勁反五輕運動上，宗教、神蹟超凡的角色扮演，領悟到後勁的人文精神正是近四百年來，鄭成功一門孤忠、民族節操所奠定的台灣人格底，透過陳永華的苦心經營，旁支流傳下來的傳承聚落在後勁。經由二次與後勁運動耆老的深入訪談，更加悟覺我的優缺點或性格血脈所來自，原來我性靈的「直系血親」在後勁，後勁人的「純真」也是我一生的另類寫照。

求真即違俗？我已經「違俗」一甲子了，何妨?!我樂於當「邊緣人」、「天才」，也還是不屑特定的「天才」！

附輯

遣悲懷

33
清明

　　自從父親去住在「樹仔腳」以後，每年特定的節日，全家人都會去探望他。後來，母親也走了，通常是大姊與我，定期去看他們。後來，大姊搬去台北了，每年清明剩下我去「掛紙」。

　　如同往年，2014.3.28 我驅車回北港近郊，前往父親的墳墓，插上鮮花，燃香，先祭拜看守墓地的土地公碑位，再拜父親。而故鄉或我延續的慣例，所謂的「掛紙」，意即為亡者翻新舊厝：土地公碑上覆置紅紙，代表為其小廟體翻新瓦；父親墓碑上壓置紅紙及鉻黃紙，象徵更新屋頂及門楣。剩下最多的一疊白紙，一張張嵌進土墳草皮裡，意即為陰宅重新打造，櫛比鱗次地鑲上瓦片。禮拜完成，再於小金爐內焚燒金紙，供奉年度所需的安家「費用」等等。

　　而老家神主牌位，我延請鄰居幫忙訂煮牲禮祭拜。由於約訂的時間已到，暗忖，反正一切只是象徵，何妨將這疊白墓紙釘在墳頭上即可，否則還得花上個把鐘頭才能完

自然哲思
三部曲

成，畢竟我不像別人家，人手多，一下子可完成。

然而，不由自主地，我按部就班，每一張薄薄的白墓紙掀開，朝草間泥土下壓、覆土、確定牢靠，而不會被大風刮走。我使用尖嘴鉗，連同墓紙鑽土，釘進墳頭。每次下插，手感可知是否牢靠，鬆弛的，得反覆壓進。還有，務必均勻分佈在整個墳蓋上，否則就是偷工減料。

烈日下，我的汗水潸潸滴下，滲融入土。漠漠曠野上，只有風聲、鳥叫聲，和著我的秩序性動作，還有，一滴滴汗水下墜的瞬間，我看見水珠顆粒，滑順優雅地入土，一種甜蜜、紮實的擁抱，靈、魂、魄、肉身、意志與意識的和弦。原來，出生、成長與死亡不只是過程，生命從來是無限，儀式絕非形式，而是體現著終極的美感與究竟的自由，舒解被禁錮的靈魂。

年復一年，我生物性的軀殼，節奏性地入土，而靈魂也不斷地淨化。

掃墓，掃的是自己的墳墓，藉由傳承的安排，不斷在此生此世，消弭起心動念、行為（我執）的業障，究竟出離的美學！是謂「清明」。

34
阿霍

阿霍是個不二的靈體。說不得，不須辨證，不用邏輯的自證本體。

阿霍出書，是世紀破天荒，我高興得起雞皮疙瘩，一身痙攣。因為俗世物、各種人間幻象，本然「百毒不侵」的她，突然見山還山，欣然落地。

2014年5月2日際夜，因朋友某事相託，我萌生找阿霍幫忙的念頭。就在想要去電的瞬間，神巧似地，許久未曾連絡的阿霍來電，說是她要出書，我無由狂喜，世間奇妙。

有些人得看他一生，或，即令一生也看不出蓋棺論定。

也有極稀物種，瞬息交會便成永恆，完全不必註解，如阿霍。

談阿霍不必說因道緣，反正約是30年前。

1985年我30出頭，任職玉山國家公園保育暨解說課長。當時我自命不凡、不可一世，全身滿滿針刺，但碰上阿霍，沒轍，因為她看人往往只看其中一根尖刺上的顯微

自然哲思 三部曲

花紋；喜不喜歡、投不投緣，剎那——不，前世已註定。

那時，要請阿霍編「玉山之美」展、畫冊等等，她堅持必得先「淨空」，還須「朝山」。她如何抖落都會藝文氣息我不得而知，只了知她一步一氣喘，艱難地扛抬著自己設計的服裝，完成一生僅只一次的玉山行，在台灣百岳的桂冠頂尖仰躺，接受天地的灌頂。然後，可以參贊設計台灣的生界。

從她的行止，我首度感受藝術的目的就是藝術本身，沒有雜質。

就文字作者而言，跟阿霍合作很「痛苦」，時而得依她的空間配置「削足適履」；在圖書、畫冊的殿堂，她是「番王」！當初，我欠缺「慧根」，「痛恨」她「浪費紙張」的大留白，卻「斤斤計較」在那個段落要斬3字、切逗點，搞得字裏行間雞飛狗跳、不得安寧。偏偏時間總是站在她的視窗邊，她設計的成品就是愈陳愈香、經久不膩，愈老愈耐看。事實也證明，觀眾、讀者捧起「好美的書」，卻沒人在乎殘障的文字。

我這樣「指控」阿霍並不是說她不懂得為作者量身訂作、揚善止醜，恰好相反，她總是能夠站在全觀，她的每一項設計品都是小宇宙，可以把作者的缺點，吞噬到看不見的黑洞。而且，她追求完美，卻害怕完美。

2013年7月13日，蘇力颱風裙掃台灣的雨中，我寫摯友蘇振輝先生傳記的《蘇府王爺》甫出爐。回想一輩子的朋友當中，蘇董與我的美好關係已屆極限，於是，沉吟多

日後，我寫了一封信向蘇董「絕交」。接到信的那天夜裡，他難過失眠而不明所以。

後來，我引28年前阿霍曾經講給我聽過的故事解釋：

曾經有位玉器大師偶然間獲得一塊曠世璞玉。他花了三年時程，巧心慧命地雕琢，終於完成一件完美無瑕、空前絕後的玉器。

大師透澈世間。作品完成後，他陷入無比痛苦的恍惚中。他將玉器與自己深鎖內室，形同閉關多日。最後，他喃喃自語：

「人間沒有這麼完美的東西！與其毀在別人手裡，不如自己終結它！」

他在玉器上輕輕地剡出一道瑕疵。

7月23日至台北巧遇阿霍，將我跟蘇董，以及她講過的上述故事，說給早就遺忘的阿霍聽。她先是一愣，回溫一下說：

「嗯！對呦！會遭天忌的呦！」

阿霍的設計，就愚鈍如我的感受，總是開天闢地的格局，無論如何的小品，她老是可以撐出形而上的無限；她身軀高大，卻恆自稱「小女人」，她永遠有一簍筐令人噴飯的小故事。有次她在居家附近被人持刀搶劫，歹徒的利刃架在她的脖子上，她說：

「要錢沒有，要命一條，拿去！」

她一身黑衣，夥同氣質、眼神一接觸，歹徒嚇得落荒而逃。

生性極不愛被拍照的阿霍（中）；左為陳月霞；右為王小棣（2013.7.25；台大法學院霖澤館）。

阿霍絕不是怪咖，她只是赤子。

談阿霍？門都沒有。哪裡有光，哪裡就有串串晶瑩天成。

阿霍者，霍榮齡。

35

啟事《東京夢華錄》
——〈年獸與過年〉一文的誤植

　　日前信箱出現一封以主婦聯盟生活消費合作社信封裝填的資料，寄信者未署名，內附一張拙作〈年獸與過年〉，以綠色註劃拙文：「日本人過年也『守歲』，《東京夢華錄》說：『士庶之家，圍爐團坐，達旦不寐，謂之守歲。』；」另檢附一張列印關於《東京夢華錄》一書的資料三則，資料來源，上網一查可知出自「維基百科」等。

　　由於《東京夢華錄》是描述中國北宋時代，都城東京開封府的風貌、記事（坊間可買到該書或新註本等），因此，我收到的信相當於問我：「你是不是將開封府的別名東京，誤以為是日本的東京，所以才寫出日本人過年也『守歲』？」

　　必須坦白回答，我在寫〈年獸與過年〉一文時，正在閱讀李岳勳前輩的《禪在台灣》，該書提到日本人的「守歲」，我原文轉引過來。因為李前輩是日治時代的台灣知識分子，我敬佩他，導致不假查證，直接引用，有違我學術生涯的嚴謹度，實在很不好意思。然而，在作此答之前，還得再追查：

1. 是否日本人曾引用宋代人的《東京夢華錄》，或引介《東京夢華錄》的敘述，轉為日本人的慣習依據？

2. 李岳勳前輩是否誤解日本著作中的《東京夢華錄》，且或將中國宋代的東京，誤認為是日本的東京？

3. 李前輩的引據資料，原出處為何？等等。

無論如何，在未清晰之前，我該將拙文第4段最後2行的：「，不只台灣，也傳到了日本……，謂之『守歲』」刪除之！

感謝來信者，予我警惕，撰寫通俗性文章更該謹慎小心，任何引據也該一一查證為宜；現今資訊搜查簡便迅速，更不該偷懶，是為戒！

再次感謝來函者！祝福！

36
「山林書院」
遷移岡山啟事

　　再老的樹幹，抽長出的還是新芽與嫩葉，我從來不知道心智會有老化的現象；會衰老的只是細胞、組織、器官、身軀肉體罷了。

自然哲思 三部曲

　　活過一甲子歲月，我確定那顆「心」從無老化(但會故障)，「它」沒有更年輕些就已經是罪過了！老生常談「赤子之心」只對了一半，我明瞭赤子還可以更年輕一些。

　　朋友們！寫這封信是要告知大家，「山林書院」將於2013年12月底，從台中市福科路搬遷到高雄岡山區協和街70號(07-6259993)。這是因為2年來，欠缺因緣可以創設永久基地，而租賃等經費耗損難以負擔，加上為環境議題暗自付出的超出負荷，對一個「失業」6年者，實在不好意思再拖累一、二位長年支持的友人矣！

　　搬遷到岡山之後，除了原先理想依緣分繼續推動之外，我想進行的工作要項大致如下：

　　1. 進行自然哲思的撰寫，包括拍攝檜木林影片案，再度走入山林，也是修行或「思維修」、「禪那」的方

式之一。

2. 開論「台灣禪殼講堂」，引論自然、心性與宗教之如何與人們生活的相關，通俗地說，或可為一般現代人的迷思、困頓，提供心靈療法的課程。

3. 開授台灣禪佛文化的研發或究竟，以《禪在台灣》一書做為教學骨幹，較側重學術、修禪深度文化的研究，以青、壯世代為對象，期待培養台灣文化人才。

4. 山林書院的環境教育課程，如同原先的高雄、台中、台北營隊，但不再主辦，也不再贈書，改由願意籌辦的單位承擔，例如2014年7月2日至9日，將由永康妙心寺承辦「山林書院台南營隊」，筆者只負

山林書院 2013.3.9 台中反核遊行。

責講課並提供資料。

5. 環保、保育、弱勢或政治運動等，隨緣參與。

6. 部落格或網路教學或廣義社教，包括接受各地邀請各類演講或野外生態解說工作。網上作業等，由吳學文、郭麗霞伉儷負責，而演講、解說等可洽吳、郭，或逕洽本人 (0972-077671；e-mail：hillwood.tw@gmail.com)。

「山林書院」今後聯絡人：

吳學文先生：sl99tw@gmail.com

郭麗霞女士：eka.guitti@gmail.com；0961-135099。

黃勵爵女士 (台中聯絡人)：lj060588@gmail.com；0927-476689。

「山林書院部落格」：slyfchen.blogspot.tw

「山林書院郵政劃撥帳號」：20797582；帳戶：陳玉峯。

又，為全國廢核行腳出版的新書《民國廢核元年——廢四核、清核廢，全國接力行腳（一）》已經問世。由於經濟負值太高，期待有朋友願意大量認購，並廣為推廣。唉！想起33年反核歲月，內心還是痛啊！

無論如何，感恩台灣天地、眾神、世代朋友們！一想到我要做的算不清的事，還是很愉悅而希望無窮！

祝福大家！祝福台灣！祝福生界、無生界！

《台灣情・地球愛》
交響音樂會演出絮言

~《聖經・創世紀》第11章記載，為了阻止人類傲慢的通天
　高塔(巴比倫塔)建造計畫，上帝讓人類的語言分歧、不能溝
　通，從而造塔失敗，各奔東西。然而，上帝還是很仁慈，
　祂創造了藝術，做為人類的共通語言，特別是音樂！~
~極其少數的人出生時有音樂相伴，因而由嬰兒自己獨唱，
　更且，通常在葬禮時，作莊嚴的彌補。~
~而我們共同的原汁鄉情叫鄉音~

　　任何人永遠只有一個出生地的原鄉，而原鄉似醇酒，愈
陳愈香。

　　2014年2月底，當我將全美台灣同鄉將組團返鄉作生態
關懷之旅的訊息告知蘇振輝董事長時，蘇董二話不說，立
即著手安排故鄉最溫暖的節目，由名指揮家蕭邦享先生領
銜「台灣獨奏家交響樂團」，精心策劃這場「鄉音」盛會，
並邀請最具代表性的台語歌王郭金發先生、良山先生及陳
思安小姐為鄉親獻唱。

蘇董馬不停蹄的連繫，會同蕭邦享指揮家等，從場地的尋覓、曲目的琢磨、歌手的敦聘、交響樂團員的召集、繁複的行政工作、辛勤的排練及彩排、種種技術性的克服，乃至熟成地演出，無一不是濃濃的鄉土情感，純真地流露，期待為鄉親燙平千里的鄉思，留下縈繞三日的永久記憶，以及美美溫馨的慰藉！

弦外之音由我來說。

《台灣情‧地球愛》交響音樂會在高雄衛武營藝術文化中心演出 (2014.4.19)。

台灣人的歷史命運從來坎坷，如今還是次等國民；台灣人的境遇一直受盡欺凌，如今仍然未能伸張。將近四百年了，外來政權一樣「以台制台」，歷代暴政始終在汙蔑台灣人：「台灣蟳無膏」、「台灣人好名、愛錢、怕死」、「台灣人好騙、否教、耳朵輕」、「台灣人好作亂，如飛蛾撲火」、「台巴子」、「台灣人背骨」……而且，近二、三十年來，多少次選舉了，一樣沒覺醒，還是讓「鹿耳朵長毛叫鹿茸」的賣台奸佞在囂張！然而，既然台灣人這麼「爛」，為什麼台灣到現在還沒有倒？以全球接近2百個

自然哲思 三部曲

國家或不被承認的國家評比，依據面積及人口比例，或天然資源條件，台灣微不足道，但是，台灣的種種成就，卻大多名列前茅或多在1、20名內！

　　原因無他，一切都是多數台灣素人、基層，一直胼手胝足在打拚，更奉行著一種無善之善、無德之德、無所求行、無功用行的禪門價值系統，熱情且毫無條件奉獻的「純粹利他主義」使然。而蘇董就是這樣的，事業有成的素人之一，我形容他：「右手做的，不讓左手知道，連右手也忘卻做了什麼善事！」

　　我認識蘇董將近18年，看盡他在音樂、繪畫、教育、

寶島歌王郭金發先生（左）與贊助者蘇振輝董事長（衛武營；2014.4.19）。

藝文、環保、自然保育、宗教、社會救援等等，數不清的默默付出而從無張揚。他堅信一種長長遠遠的文化改造，從台灣基層的教養、涵養、美育、性靈，注入從無回收、「看不見」成果的愛心，包括他在本業服務社會的一種典範，我以台灣四百年深沉文化的解讀，研撰成拙作《蘇府王爺》，總算交代台灣素人如蘇董於萬一。

音樂曲目上半場〈黃昏的故鄉〉到〈望春風〉；下半場由〈保護地球〉到〈滿山春色〉，聽完全場之後，鄉親大概可以領會蘇董的用心、用情，以及音樂會總標題《台灣情·地球愛》的意涵。

感恩、感謝蕭邦享指揮家、郭金發先生、良山先生、陳思安小姐，以及最最了不起的「台灣獨奏家交響樂團」每一位成員完美的和弦！他們一齊示現了現今高雄人的氣質與人格！

38
聞黃黎明星辰殞落，
致哀王小棣

附輯、遺悲懷

致哀

閱訊哀痛，無語問天！

生有時，走有時，無常亦有常！

黎明走向另個黎明，我們也漸走向黃昏，

我確信我們定會再見面！

現在能做、該做的，就積極地做，

在每份專注的分秒中，

我看見黎明與你的美麗與哀愁！！

陳玉峯、陳月霞 2014 端午前夕

左起黃黎明、王小棣、嚴長壽、陳月霞、陳玉峯 (2009.9.21；台北亞都)。

自然哲思
三部曲

2011 年 11 月 11 日筆者全家到陽明山王小棣與黃黎明的家，右起王小棣、黃黎明、陳相云、陳月霞。

黃黎明與王小棣 (2011.11.11)。

黃黎明（右）與陳月霞 (2009.9.21；台北亞都)。

左起霍榮齡、王小棣、黃黎明 (2009.10.17；台北市)。

黃黎明(左)、王小棣(中)、鐵蛋(右)參加 2013.10.10 廢核行腳在核四廠前誓師。

王小棣的天涯路（2013.10.10；福隆海灘）。

《蘇府王爺》

「蘇府王爺」：蘇振輝先生是嘉義縣布袋新塭人，1957年10月出生。

本書以人類學的訪談法，全貌地將蘇振輝先生放進歷史和社會環境的大脈絡中。作者先從人文與歷史背景詮釋孕育蘇先生的奧蘊：藉著走訪蘇先生的故鄉與其母親母土的搖籃，發掘一向被誤解扭曲的「迷信」，正是台灣「善根」的內涵；接著直溯台灣人格、精神的總根源，實乃明鄭王朝所寄寓的應現媽祖信仰的隱性文化，而這套隱性文化，造就出蘇先生等謙卑自牧的台灣素民。之後貫穿民族到個人：描述蘇先生的家世與家庭背景，更以蘇門八代從海向陸，再由陸向海向全球的世系繁衍，點出山海子民跨越世代的泱泱格局，由是可瞭解台灣人勇於從傳統走向新局的人格趨勢。

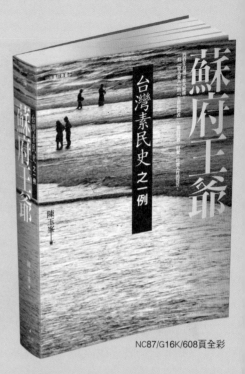

台灣素民史之一例

蘇府王爺

陳玉峯

NC87/G16K/608頁全彩

推薦序 /楊惠南（台大哲學系教授）

陳玉峯教授又有令人驚嘆的大作出版了！這回，他以人類學家的素養訪談了台灣嘉南平原各鄉鎮的大小宮廟，記錄了這些宮廟的歷史沿革以及宮廟內外的相關人、事、物，最後則歸結到訪問嘉義布袋好美里（魍港）、新塭的一位素人──被陳教授尊為「蘇府王爺」的蘇振輝先生。

蘇先生是一位「素人」，是一位默默行善的王爺信仰者。為什麼要訪問這位素人呢？

更深層原因應該是：本書的主旨或主題，是台灣許許多多默默無聞的鄉親，所信奉的神明。這些神明，似乎可以與「默默無聞」或「素人」畫上等號，而與「名人」或「成功者」畫上不等號。相信這是陳教授之所以選擇素人，而不選擇名人或成功者訪談的更深層原因。

我是以慚愧、懺悔的心，來讀完陳教授的這部巨著。慚愧、懺悔過去漠視，甚至鄙視台灣的媽祖信仰和王爺信仰，乃至神佛不分、神佛雜處的台灣佛寺，直到拜讀了陳教授這部巨著之後，才改變了這種錯誤的想法。陳教授這部巨著惠我良多；相信讀完它的讀者，也會有和我一樣的驚嘆！

《蘇府王爺》自序 /陳玉峯

本書的訪調殆自2011年底開始，而密集撰寫於2012年底至2013年初夏。此間，我所訪談、際遇的人，絕大部分我原本從不認識，或只逢機相談，他們都以如是坦率、熱誠地，待我如同親人，他們恰好都是我心目中，道道地地的台灣人，我的書寫，正是要探索這樣的人格底蘊，這樣的文化，台灣人的本然。可以說，我在書寫本書主角的蘇振輝先生，他却應現成為我所際遇的人、事、

時、地、物，讓我瀏覽他的前世與今生。藉由撰寫他的因緣，相當於走過台灣文明史之如何形塑現今的台灣素人。

這本書一貫的核心，殆即「若不回頭，誰為你救苦救難；如能轉念，何須我大慈大悲」；「誠心敬吾，無拜無妨；行為不正，百拜無用」！也就是自覺的強調，但自覺是無法定義、界定的靈性特徵，我只能由應現出來的人物來側寫、素描，而蘇府王爺恰好是一例證，顏秀琴女士、蔡時女士當然也是。他們絕非單獨的一個個體，你、我、他都是台灣史上交錯影響、臍帶相連的活體文化，且隨時、隨地應現與相互呼應！

於是，本書所謂的素人，很大一部分的特徵，或說最大的特徵在於自覺，而與名相無關。感恩任何我在台灣的際遇！感恩蘇振輝先生賦予我書寫的機緣！感覺上，這是我最發心力觀照的一冊書，但願有緣人分享。

特別附註：書名之取「蘇府王爺」，取義於蘇家的王爺信仰者。

《民國廢核元年》
──廢四核、清核廢，全國接力行腳(一)

弁言──世代公義

停建核四僅止於不讓鉅碩無比的毒瘤持續長大，且擴張到台灣境外。

但我們必須面對殘酷的事實，即核廢怎麼處理？

核一至核三的宿癌，早已坐大成為萬年不壞的世代夢魘，如何鎮魔而降低風險，毋寧得花數代才能弭平，除非有奇蹟或超自然異象發生！

眾所皆知，全世界427座核電反應爐至2013年7月的年齡，平均為28歲，而台灣則更老，平均32歲。一般反應爐除役年限為40年，也就是說，以一個人的壽命是100歲計，則台灣的反應爐今年已是80歲的風燭殘年或老年期

了！而反應爐「死了」以後，那些「萬年僵屍」活力旺盛，隨時可爆出來屠殺眾生啊！何處可以永久存放且可確保它不出來作怪，什麼容器可確保幾年，而鎮得住「僵屍」不往外跳？什麼地點又可確保萬年沒斷層、無地震或地體風險？

答案很清楚，無解，沒人可解決，台灣人是醉生夢死，七月半鴨不知死活！而要加蓋核四廠，當然是會加重更無法想像的危機，帶給當代及無窮的未來(假設台灣還有世世代代子孫存活)無限的夢魘！

這代人沒有權力與權利，決定後代子孫悲慘的未來！

「當專制是事實，革命就是義務！」

因此我們發起「廢四核、清核廢，全國接力行腳」運動，今年就是「民國廢核元年」！

NC91/G16K/288頁全彩

《拋荒的故事》
Pha-hng ê Kòo-sū

50、60年代台灣庄腳的社會情景和人文情境

陳明仁（Asia Jilimpo 二林堡阿舍）

台文原著｜陳明仁

唸　　讀｜陳明仁 陳豐惠

　　　　　吳國禎 林淑期 劉承賢 葉國興（客串演出）

音樂編輯・監製｜黃雅玲

錄音・後期製作｜太禾音樂

製作出版發行｜前衛出版社

第一輯	第二輯	第三輯
田庄傳奇紀事	**田庄愛情婚姻紀事**	**田庄浪漫紀事**
1. 地理因仔先	1. 愛的故事	1. 離緣
2. 新婦仔變尪姨	2. 濁水反清清水濁	2. 翁相師傅
3. 改運的故事	3. 顧口--的恰辯士	3. 紅襪仔廖添丁
4. 大崙的阿太恰砂	4. 再會，故鄉的戀夢	4. 戇清--仔買獎券著大獎
5. 指甲花	5. 來惜--仔恰岡市--仔的婚姻	5. 咖啡物語
6. 牽尪姨	6. 發姆--仔對看的故事	6. 山城聽古

本土前衛作家宋澤萊獲第17屆國家文藝獎

前衛推出宋澤萊小說代表作
深情典藏紀念版

【本刊訊】第17屆國家文藝獎於11月26日舉行頒獎典禮，由電影導演李安、文學家宋澤萊、劇作家紀蔚然、作曲家陳茂萱獲獎。其中，作家宋澤萊以「作品內容豐富、形式多變具前瞻性；持續創作四十年，寫作跨越文類，勇於創新、不拘一格，並有強烈社會與人文關懷」得獎。前衛出版社亦推出〔宋澤萊小說四書深情典藏紀念版〕，並邀請李昂、吳明益、林文義、林瑞明、陳建忠等作家與學者，分別以抒情、導讀與評論之筆，帶領讀者進入宋澤萊的文學世界，讓讀者看見台灣苦難大地的過去、現在與未來，感覺冷暖、悲喜的人世間奇事。

【深談宋澤萊】

林文義（作家）
：〈想起宋澤萊〉
（文見紀念版各冊）

陳建忠（清華大學台文所副教授）
：〈農村不該成為傳奇〉
（文見紀念版《打牛湳村》）

林瑞明（成功大學歷史系、台文系教授）
：〈人間關懷：宋澤萊文學之格〉
（文見紀念版《蓬萊誌異》）

吳明益（東華大學華文系教授）
：〈如此響亮，如此溫柔〉
（文見紀念版《廢墟台灣》）

李昂（作家）
：〈黑暗的宋澤萊VS黑暗的李昂〉
（文見紀念版《血色蝙蝠降臨的城市》）

宋澤萊說：

……（他們）寫了很多的我的秘密，很好。

LM03A/G16K/四冊成套

台灣經典寶庫9

《台灣總督府》

日文原著　黃昭堂(1932-2011)
華文譯者　黃英哲(日本愛知大學教授)

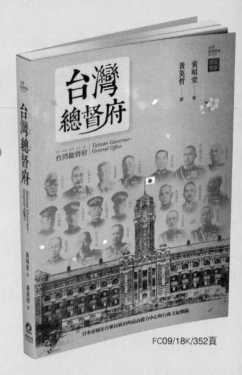

FC09/18K/352頁

たいわんそうとくふ
台湾総督府
Taiwan Governor-General Office

　　台灣總督府，威嚴與華麗並存的宏偉建築，始建於1912年，於1918年竣工。這個台灣最高的統治機關，是日治時期殖民地威權的象徵。

　　本書是第一本最系統化、最簡明扼要，研究台灣近代史的兼具學術性與通俗性的專著。黃昭堂教授用最淺顯易懂的文字賦予本書政治史的性格，而譯者黃英哲教授則畫龍點睛地打造了本書的靈魂。

　　黃昭堂教授從日本近代史出發，敘述日本統治台灣的51年間，它是如何運作「台灣總督府」這部機器以施展其對日台差別待遇的統治伎倆。此外，書中對台灣總督、民政長官的任免經緯，當時台灣人的抵抗運動，及釣魚台列嶼的主權爭議始末等，亦有一番分明疏理。

　　本書理性解析日本殖民統治時期的台灣，以歷任台灣總督及其統治架構為中心，從正反二面全面地檢討日本統治台灣的是非功過，以及在不同階段台灣人的應對之道。

譯者新版序 /黃英哲

　　這本《台灣總督府》，黃昭堂教授從日本近代史出發，敘述日本統治台灣50年的歷史，並說明日本殖民當局，如何運作「台灣總督府」這部殖民地統治的機器，來施展其統治伎倆。此書於1981 年由教育社出版，且被列入「日本史叢書」。在日本，這是一件很難得的事情，因為一本書一旦被列入叢書後，就會反覆再版，永遠存在。一本學術性的著作，能平均每年都再版，可見其受重視的一斑。

　　《台灣總督府》中譯本初版於1989 年印行，由故鄭南榕先生創辦的自由時代出版社出版，自由時代出版社結束營業後，1994年改由前衛出版社出版。本書中譯本自出版後，因為長期被大學部分台灣近代史開課老師指定為教科書或參考書，得以屢次再版成為長銷書，我為原作者黃昭堂教授感到高興。此回前衛出版社社長林文欽先生再度將此書重新排版，列為該出版社「台灣經典寶庫」系列之一，賦予此書新的生命，我想黃昭堂教授在天上也會感到欣慰，斯人形骸雖逝，但其精神不死。

《失落的智慧樂土：台灣原本文明思想起》

姜林獅先生口述　埔農筆記/註證

　　姜林獅(1908-1966)，台灣傳統工程師，出生於日本據台初期的台南鄉間，從未受過學校教育，只是鄉村的傳統農夫，但工程學識豐富，全來自私下的代代師承相傳。他農閒時替人挖井、修井；建造或整修傳統工場、橋樑。台灣現有的素人房屋移動專家，都是他所傳授出來的，已到第三、四代。他大概是台灣原古文明的最後一個活遺跡了。

　　姜林獅畏避政治，從不談論政治，卻被中國蔣幫壓霸集團以「有反政府言論的人認識他」為罪名，關到火燒島(綠島)。直到在火燒島感染了肺結核，才放被回來。1955年被放回家的姜林獅，知道以自身的健康情況，沒能再活幾年了，於是招收學徒，盡力傳授當時所謂現代科技欠缺的工程技術和學問。當時埔農唸小學，他見埔農勤快，凡事用心，肯做、肯學，只要有空，就對埔農說起台灣五千多年來的歷史情事。他總是不時反問，要確定埔農對他所言內容的認知無誤。

　　本書就是埔農對上述口述的紀錄，並增補上第一手歷史文獻的相關記載，以及踏訪全台各地所尋獲的諸種資料，做為姜林獅先生口述內容的學術註解。透過本書，讀者將能瞭解五千年前台灣原古文明的實際運作狀態、對外和平傳播的過程，以及外來政權如何殘酷地將台灣住民洗腦、改造，並摧毀這一智慧樂土的慘況。

　　讀完本書，讀者當能懂得台灣真正的歷史和文化精神，不再盲目的自卑媚外，重拾身為台灣人應有的自信與展望。

NC84/G16K/160頁

埔農

復興台灣原本文明的奉獻者。生長在台灣傳統鄉村農家，自幼浸潤於敬天地而重萬物，盡本份而惜福報的環境，較能不受虛榮左右，不為名利而妥協，一直本著仔細觀察、小心求證的精神。求學後回歸鄉里。台灣人民五、六十年來受脅迫、誘騙、洗腦所產生的質變，作者看在眼裡，憂心忡忡，持續在檯面下默默為復甦台灣心靈努力。除本書外，另著有上下兩冊的《台灣受虐症候群》(前衛，2012)。

《空谷足音的南方論述—台灣 2006-2012》
《走不出門的國家—馬英九的台灣》

丘垂亮著

2008年馬政府上任以來，無能治國，上至國家主權，下至民生經濟，只能用失魂落魄四個字來形容，外交休兵還沾沾自喜，而大幅度地傾中，更是台灣俗諺說的：「請鬼拿藥單，欲死卡緊」，這些作為看在知識份子眼裡無不痛心！

曾經是海外黑名單的邱垂亮，從早期風起雲湧的黨外時代到歷經兩次的政黨輪替，他還是不忘初衷的「憨人說憨話」，只為求得台灣獨立建國夢想實現。

在澳洲昆斯蘭大學任教多年的邱垂亮，就其政治學專業洞悉國際情勢，犀利地點出台

NC88/G16K/328頁　　　　NC89/G16K/264頁

灣的癥結症狀，以國內經濟同樣大幅傾中的澳洲為例，分析目前內憂外患的台灣應該如何守住主權，並在國際社會上開闢出一席之地。

邱垂亮簡介

邱垂亮從小被人叫「老頭子」(Old Man)，不知為何，卻成別名。年老時被人尊稱「亮公」，英文簡寫「LG」，可說成「Life's Good」，也算合意。

生於台灣苗栗鄉下，成長於台南山上，客家人，有原住民血統，會說客語、河洛、北京話和英語，都說得破破爛爛，是悲情台灣的時代產物。

台灣大學唸外文，想當文學家，不成，去美國改唸政治，專攻國際關係、政治文化和民主發展。

拿到加州大學(河邊)博士後，在澳洲昆斯蘭大學執教40多年，身在象牙塔，心在台灣和中國的民主化。寫了政論文章40載，還偶爾涉入台灣的政治事物，在澳洲為台灣發聲，爭取台灣的國際承認、生存空間。貢獻有限，卻也做得心安理得，無怨無悔。

一生有夢最美，希望台灣民主獨立建國，不被專制中國統一。作夢都叫：「天佑台灣！」

彭明敏教授推薦

邱垂亮教授將五年來所發表的時論整理成書，這是他第五本、第六本中文著作。

流亡海外二十三年期間，常讀到邱教授的文章，感佩其立場嚴謹，條理清晰，為文精彩，很是動人，早成為其忠實的「愛讀者」。

在民進黨執政時，我任總統府資政，兼任「亞洲太平洋自由民主聯盟」秘書長，常到外國訪問或主持會議(算起來曾到過三十多國)。若是國際討論會，一定邀請邱教授參加，不只是因為他在澳洲大學任教多年，亦是因為他每發言不像些以「學院派」自居者，故作深奧，把一句話即能道破的，然有介事的，轉彎抹角，弄得複雜不堪，為的是要炫耀博識，衒學浮誇。

我很欣賞邱教授，頗有資深學人的獨特風格，謔誑而談，直截了當，直搗問題的核心，清清楚楚，聽來深入而輕鬆。

這兩本書是邱教授在台灣現代政論史上所留下來不朽的重要足跡。

日本Ko Bunyu黃文雄用功最深、顛覆道統之作

《儒禍》 前衛出版

NC90/G16K/416頁

深究歷史，儒教根本就是帝王的統治術、
封建專制獨裁的護身符、思想的麻藥、倫常的緊箍咒…
「儒」之為禍，大矣！

◎你知道儒家代表孔子(孔老二)為何要周遊列國嗎？
他其實是在尋找「出仕」機會，想做官，食頭路，順便推
銷他那一套死人骨頭的崇古虛禮，搞神秘。可憐後世人竟
當真，奉行不逾，擎香遶拜。

◎你知道儒教集團最初是一群婚喪禮儀業者嗎？
他們察言觀色，能言善道，包攬民間祭祠，又結合政客，
呼風喚雨，充分展現政治群體效益。

　　馬英九幫等「中國古人」們，自封儒家嫡傳，宣稱溫良恭儉讓，其實心口不一，
多行不義，還自認「替天行道」，狗屁倒灶！厚黑到家！

　　儒教在中國數千年的發展，陽奉陰違，造就中國社會慾望最高，道德最低。

　　台灣人半路認老爸，自甘受儒家四書五經、三綱五常、四維八德……洗腦灌輸，
自生到死都受儒教束縛宰制，永不翻身！死好！

　　福澤諭吉(1834-1901，日本明治維新大思想家)說：一個國家社會，若儒術越發
達，儒學愈興盛，只會造成更大的惡，人們的智慧德行每況愈下，惡人與愚者大
增，禍患無窮。

讀經班必讀!!

　　儒家思想極端尚古主義，所以「周公之道」陰魂不散，人民在其教化下，行「周公之禮」，也常「夢見周公」，死抱傳統，專食古人餘唾，食古不化。

　　儒教更榜標德治主義，所以「誠意、正心、修身、治國、平天下」震天價響，人民滿口仁義道德，但什麼是仁義道德，連儒教教主孔子自己都語焉不詳，後世腐儒爭論了兩千多年，也無清楚定論，頂多就「見仁見智」了，難怪假仁義、偽道德充斥，「賢者」自說自話，愚者信以為真，社會大亂！

　　儒教宣揚「綱常名教」，奉四書五經為教典，其實儒教三綱五常的倫理觀，正是劣根性社會的精神鴉片，也是專制獨裁者的統治護身符，難怪中國歷代帝王最愛儒家，定為國教，國民政府也愛，現今的馬英九更愛。

　　因為儒術用來麻痺人心、馴服順民、壓制反叛最有功效。

策　　　劃　山林書院(山林書院叢書8)
　　　　　　http://slyfchen.blogspot.tw
贊　　　助　蘇振輝
著者、攝影　陳玉峯
打字、校對　蔡智豪、郭麗霞、吳學文
責 任 編 輯　陳淑燕
美 術 編 輯　Nico
出 版 者　台灣本鋪：前衛出版社
　　　　　　10468台北市中山區農安街153號4樓之3
　　　　　　Tel：02-25865708　Fax：02-25863758
　　　　　　郵撥帳號：05625551
　　　　　　e-mail：a4791@ms15.hinet.net
　　　　　　http://www.avanguard.com.tw
　　　　　　日本本鋪：黃文雄事務所
　　　　　　e-mail：humiozimu@hotmail.com
　　　　　　〒160-0008日本東京都新宿區三榮町9番地
　　　　　　Tel：03-33564717　Fax：03-33554186
出 版 總 監　林文欽　黃文雄
法 律 顧 問　南國春秋法律事務所林峰正律師
總 經 銷　紅螞蟻圖書有限公司
　　　　　　台北市內湖舊宗路二段121巷19號
　　　　　　Tel：02-2795-3656　Fax：02-2795-4100
出 版 日 期　2014年12月初版第一刷
定　　　價　新台幣450元

國家圖書館出版品預行編目(CIP)資料

自然哲思三部曲/陳玉峯著.--初版.--臺北市：前衛,
2014.12
320面；15×21公分--（山林書院叢書8）
ISBN 978-957-801-758-0（平裝）

1.言論集

078　　　　　　　　　　　　　　　103022964

＊「前衛本土網」http://www.avanguard.com.tw
＊請上「前衛出版社」臉書專頁按讚，獲得更多書籍、活動資訊
http://www.facebook.com/AVANGUARDTaiwan